Blechkuchen

nach Großmutters Art

MOEWIG

Inhaltsübersicht

VPM Verlagsunion Pabel Moewig KG, Rastatt

Fotos: Ceres Verlag
Printed in Germany 1998
ISBN 3–8118–1443–5

Klassische Blechkuchen

Liebe Ute
Ich wünsche Dir ein
recht gutes Gelingen
und viel Freude
mit Deinem Buch.
42. Geburtstag
Deine Mutti

Marzipan-Butter-Kuchen

(Foto Seite 17)

	Für den Teig
375 g g Weizenmehl	in eine Rührschüssel sieben, mit
1 Pck. Trockenbackhefe	sorgfältig vermischen
50 g Zucker 1 Pck. Vanillin-Zucker 1 Prise Salz 200 ml lauwarme Milch 75 g zerlassene, abgekühlte Butter oder Margarine	hinzufügen, die Zutaten mit einem Handrührgerät mit Knethaken zunächst auf niedrigster, dann auf höchster Stufe in etwa 5 Minuten zu einem Teig verarbeiten, sollte er kleben, noch etwas Mehl hinzufügen (aber nicht zu viel, der Teig muß weich bleiben), den Teig abgedeckt so lange an einem warmen Ort stehenlassen, bis er sich sichtbar vergrößert hat, den Teig auf der Arbeitsfläche nochmals kurz durchkneten, auf einem gefetteten Backblech (38 x 28 cm) ausrollen
125 g weiche Butter 200 g Marzipan-Rohmasse	verrühren, die Masse in einen Spritzbeutel mit weiter Lochtülle geben, mit den Fingern in Abständen von 2–3 cm Vertiefungen in den Teig drücken, in jede Vertiefung etwas von der Marzipanmasse spritzen, den Teig nochmals an einem warmen Ort so lange stehenlassen, bis er sich sichtbar vergrößert hat
1 Becher (150 g) Crème fraîche	verrühren, mit einem Pinsel die Zwischenräume auf dem Kuchen streichen
2–3 EL Zucker	mit
1 Pck. Vanillin-Zucker	mischen, den Kuchen damit bestreuen
40 g abgezogene, gehobelte Mandeln	darüber verteilen, das Backblech in den Backofen schieben
Ober-/Unterhitze	200–220 °C (vorgeheizt)
Heißluft	170–190 °C (nicht vorgeheizt)
Gas	Stufe 4–5 (vorgeheizt)
Backzeit	etwa 20 Minuten.

Marzipan-Kaffeeschnitten

250 g Weizenmehl	mit
1/2 gestr. TL Backpulver	mischen, in eine Rührschüssel sieben
75 g Zucker	
1 Pck. Vanillin-Zucker	
1 Ei	
125 g weiche Butter	
oder Margarine	hinzufügen, die Zutaten mit Handrührgerät mit Knethaken zunächst kurz auf niedrigster, dann auf höchster Stufe gut durcharbeiten, anschließend auf der Arbeitsfläche zu einem glatten Teig verkneten, sollte er kleben, ihn eine Zeitlang kalt stellen, den Teig zu einem Rechteck (40 x 32 cm) ausrollen, 8 Streifen (20 x 8 cm) daraus schneiden, auf ein Backblech legen, hellgelb vorbacken
Ober-/Unterhitze	etwa 200 °C (vorgeheizt)
Heißluft	etwa 180 °C (nicht vorgeheizt)
Gas	etwa Stufe 4 (vorgeheizt)
Backzeit	etwa 15 Minuten.
	Die Gebäckstreifen mit
4 EL Konfitüre	bestreichen.
125 g weiche Butter	
125 g Marzipan-Rohmasse	mit Handrührgerät mit Rührbesen zu einer geschmeidgen Masse verrühren, nach und nach
100 g Zucker	
1 Pck. Vanillin-Zucker	
2 Eier	
abgeriebene Schale von 1/2 Zitrone (unbehandelt)	unterrühren
250 g Weizenmehl	mit
1 Msp. Backpulver	mischen, sieben, eßlöffelweise auf mittlerer Stufe unterrühren, die Masse in einen Spritzbeutel mit gezackter Tülle füllen, beliebige Muster auf die Gebäckstreifen spritzen
Ober-/Unterhitze	etwa 180 °C (vorgeheizt)
Heißluft	etwa 160 °C (nicht vorgeheizt)
Gas	etwa Stufe 3 (vorgeheizt)
Backzeit	etwa 20 Minuten.
	Das Gebäck sofort nach dem Backen in schmale Streifen schneiden.

Marzipan-Krokant-Kuchen

375 g Weizenmehl	in eine Rührschüssel sieben, mit
1 Pck. Trockenhefe	sorgfältig vermischen
75 g Zucker 1 Pck. Vanillin-Zucker 1 Ei 200 ml lauwarme Schlagsahne 50 g zerlassene, abgekühlte Butter oder Margarine	hinzufügen, die Zutaten mit Handrührgerät mit Knethaken zunächst auf niedrigster, dann auf höchster Stufe in etwa 5 Minuten zu einem Teig verarbeiten, den Teig zugedeckt so lange an einem warmen Ort stehen lassen, bis er sich sichtbar vergrößert hat.
200 g Marzipan-Rohmasse 2 Eier 2 EL Aprikosenkonfitüre 2 EL Aprikosenlikör	mit Handrührgerät mit Rührbesen geschmeidig rühren
200 g kleingeschnittene, getrocknete Aprikosen 100 g abgezogene, gehobelte Mandeln	unterrühren, den gegangenen Teig leicht mit Mehl bestäuben, aus der Schüssel nehmen, auf der Arbeitsfläche nochmals kurz durchkneten, die Hälfte des Teiges auf einem gefetteten Backblech (38 x 28 cm) ausrollen, gleichmäßig mit der Füllung bestreichen die andere Teighälfte zu einem Rechteck (38 x 28 cm) ausrollen, mit Backpapier aufrollen, auf der Füllung abrollen, mehrmals mit einer Gabel einstechen, vor den Teig einen mehrfach umgeknickten Streifen Alufolie legen, den Teig nochmals so lange an einem warmen Ort gehen lassen, bis er sich sichtbar vergrößert hat.
30 g Butter 30 g Zucker 1 Pck. Vanillin-Zucker 1 EL Honig (40 g) 3 EL Schlagsahne 50 g abgezogene, gemahlene Mandeln	in einem Topf erwärmen, 1 Minute unter Rühren kochen lassen

100 g abgezogene, gehobelte Mandeln	unterrühren, die Masse vorsichtig auf dem gegangenen Teig verteilen
Ober-/Unterhitze	etwa 200 °C (vorgeheizt)
Heißluft	etwa 180 °C (nicht vorgeheizt)
Gas	etwa Stufe 4 (vorgeheizt)
Backzeit	etwa 20 Minuten.

Mandel-Streusel-Kuchen

	Für den Teig
300 g Weizenmehl	in eine Schüssel sieben, mit
1 Pck. Trockenhefe	sorgfältig vermischen
75 g Zucker	
1 Pck. Vanillin-Zucker	
1 Prise Salz	
75 g zerlassene Butter	
1 Ei	
125 ml (1/8 l) lauwarme Milch	hinzufügen, alles mit einem Handrührgerät mit Knethaken zuerst auf der niedrigsten, dann auf der höchsten Stufe in etwa 5 Minuten zu einem Teig verarbeiten, an einem warmen Ort so lange stehenlassen, bis er sich sichtbar vergrößert hat, ihn dann auf der höchsten Stufe nochmals gut durchkneten, den Teig auf einem gefetteten Backblech (38 x 28 cm) ausrollen, mit
50 g zerlassener Butter	bestreichen.
	Für die Streusel
300 g Weizenmehl	in eine Schüssel sieben, mit
150 g Zucker	
2 Pck. Vanillin-Zucker	mischen
200 g Butter	in Flöckchen dazugeben, alle Zutaten mit Handrührgerät mit Knethaken zu Streuseln verarbeiten, mit
40 g abgezogene, gehobelten Mandeln	mischen, gleichmäßig auf dem Teig verteilen,das Backblech in den Backofen schieben
Ober-/Unterhitze	200–220 °C (vorgeheizt)
Heißluft	180–200 °C (nicht vorgeheizt)
Gas	Stufe 4–5 (vorgeheizt)
Backzeit	15–20 Minuten.

Bienenstich

(Foto Seite 18)

375 g Weizenmehl	in eine Rührschüssel sieben, mit
1 Pck. Trockenhefe	sorgfältig vermischen
50 g Zucker	
1 Pck. Vanillin-Zucker	
1 Prise Salz	
200 ml lauwarme Milch	
75 g zerlassene, abgekühlte Butter oder Margarine	hinzufügen, die Zutaten mit einem Handrührgerät mit Knethaken zunächst auf niedrigster, dann auf höchster Stufe in etwa 5 Minuten zu einem Teig verarbeiten, sollte er kleben, noch etwas Mehl hinzufügen (aber nicht zu viel, der Teig muß weich bleiben), den Teig abgedeckt so lange an einem warmen Ort stehenlassen, bis er sich sichtbar vergrößert hat, den Teig auf der Arbeitsfläche nochmals kurz durchkneten, auf einem gefetteten Backblech (38 x 28 cm) ausrollen, mehrmals mit einer Gabel einstechen, vor den Teig einen mehrfach umgeknickten Streifen Alufolie legen.
100 g Butter	mit
150 g Zucker	
1 Pck. Vanillin-Zucker	
2–3 EL Milch	unter Rühren zerlassen
200 g abgezogene, gehobelte Mandeln	unterrühren, zum Kochen bringen, von der Kochstelle nehmen
1 EL Honig	unterrühren, die Masse etwas abkühlen lassen, gleichmäßig auf dem Teig verteilen, den Teig nochmals so lange an einem warmen Ort gehen lassen, bis er sich sichtbar vergrößert hat, das Backblech in den Backofen schieben
Ober-/Unterhitze	200–220 °C (vorgeheizt)
Heißluft	180–200 °C (nicht vorgeheizt)
Gas	Stufe 4–5 (vorgeheizt)
Backzeit	etwa 15 Minuten.
2 Pck. Pudding-Pulver Vanille-Geschmack	
75 g Zucker	
750 ml (3/4 l) Milch	nach Vorschrift auf dem Päckchen (aber nur mit 3/4 l Milch) einen Pudding zubereiten, kalt stellen ab und zu durchrühren

250 ml (3/4 l) Schlagsahne	1/2 Minute schlagen
1 Pck. Sahnesteif	einstreuen, die Sahne steif schlagen, vorsichtig unter den erkalteten Pudding rühren, das erkaltete Gebäck vierteln, jedes Stück waagerecht durchschneiden, mit der Creme füllen.
Tip:	Anstelle der Schlagsahne 100 g Butter unter den noch heißen Pudding rühren, kalt stellen, ab und zu durchrühren.

Mandelkuchen

	Für den Rührteig
250 ml (1/4 l) Schlagsahne	in eine Rührschüssel geben
175 g Zucker	
1 Pck. Vanillin-Zucker	
3 Eier	
abgeriebene Schale von 1/2 Zitrone oder 1/2 Orange (unbehandelt)	mit einem Handrührgerät mit Rührbesen auf höchster Stufe in etwa 1/2 Minute unterrühren
300 g Weizenmehl	mit
1 Pck. Backpulver	mischen, sieben, auf mittlerer Stufe eßlöffelweise unterrühren, den Teig in die gut gefettete Fettfangschale (38 x 28 cm) des Backofens geben, glattstreichen, in den Backofen schieben
Ober-/Unterhitze	etwa 200 °C (vorgeheizt)
Heißluft	etwa 180 °C (nicht vorgeheizt)
Gas	etwa Stufe 4 (vorgeheizt)
Backzeit	etwa 10 Minuten.
	Für den Belag
125 g Butter	mit
125 g Zucker	
1 Pck. Vanillin-Zucker	
3 EL Milch oder Schlagsahne	
1/2 Fläschchen Rum-Aroma	in einem Topf unter Rühren langsam erwärmen, zerlassen, von der Kochstelle nehmen
100 g abgezogene, gehobelte oder gestiftelte Mandeln	unterrühren, den Belag auf den gebackenen Kuchen streichen, bei gleicher Temperatur weitere 12 Minuten backen lassen.

Raspelkuchen

	Für den Belag
150 g Butter	zerlassen, nach und nach
200 g Zucker	
1 Pck. Vanillin-Zucker	
2 EL Milch	unterrühren
200 g Kokosraspel	unterrühren, abkühlen lassen.
	Für den Teig
300 g Weizenmehl	mit
1 Pck. Backpulver	
150 g Magerquark	
100 ml Milch	
100 ml Speiseöl	
80 g Zucker	
1 Pck. Vanillin-Zucker	
1 Fläschchen Butter-Vanille-Aroma	
1 Prise Salz	hinzufügen, die Zutaten mit Handrührgerät mit Knethaken auf höchster Stufe in etwa 1 Minute verarbeiten (nicht zu lange, Teig klebt sonst), anschließend auf der bemehlten Arbeitsfläche zu einer Rolle formen, den Teig auf einem gefetteten Backblech (38 x 28 cm) etwa 1/2 cm dick ausrollen, mit
Milch	bestreichen, die Kokosmasse gleichmäßig auf dem Teig verteilen, vor den Teig ein mehrfach umgeknicktes Stück Alufolie legen
Ober-/Unterhitze	etwa 180 °C (vorgeheizt)
Heißluft	etwa 160 °C (nicht vorgeheizt)
Gas	etwa Stufe 3 (vorgeheizt)
Backzeit	etwa 20 Minuten.

Streuselkuchen

	Für den Teig
375 g Weizenmehl	in eine Rührschüssel sieben, mit
1 Pck. Trockenhefe	sorgfältig vermischen
50 g Zucker	
1 Pck. Vanillin-Zucker	
1 Prise Salz	
200 ml lauwarme Milch	
75 g zerlassene Butter oder Margarine	hinzufügen, die Zutaten mit Handrührgerät mit Knethaken zunächst auf niedrigster, dann auf höchster Stufe in etwa 5 Minuten zu einem Teig verarbeiten, sollte er kleben, noch etwas Mehl hinzufügen, den Teig abgedeckt so lange an einem warmen Ost stehen lassen, bis er sich sichtbar vergrößert hat, aus der Schüssel nehmen, auf der Arbeitsfläche nochmals kurz durchkneten, auf einem gefetteten Backblech (38 x 28 cm) ausrollen.
	Für die Streusel
300 g Weizenmehl	in eine Rührschüssel sieben, mit
150 g Zucker	
1 Pck. Vanillin-Zucker	mischen
150–200 g weiche Butter	hinzufügen, alle Zutaten mit Handrührgerät mit Knethaken zu Streuseln von gewünschter Größe verarbeiten, gleichmäßig auf dem Teig verteilen, den Teig nochmals so lange an einem warmen Ort gehen lassen, bis er sich sichtbar vergrößert hat, das Backblech in den Backofen schieben
Ober-/Unterhitze	200–220 °C (vorgeheizt)
Heißluft	180–200 °C (nicht vorgeheizt)
Gas	Stufe 4–5 (vorgeheizt)
Backzeit	15–20 Minuten.

Streuselkuchen aus Thüringen

	Für den Teig
375 g Weizenmehl	in eine Rührschüssel sieben, mit
1 Pck. Trockenhefe	sorgfältig vermischen
50 g Zucker	
1 Pck. Vanillin-Zucker	
1 Prise Salz	
1 Ei	
200 ml lauwarme Milch	
50 g zerlassene, abgekühlte Butter oder Margarine	hinzufügen, die Zutaten mit Handrührgerät mit Knethaken zunächst auf niedrigster, dann auf höchster Stufe in etwa 5 Minuten zu einem Teig verarbeiten, den Teig zugedeckt so lange an einem warmen Ort stehen lassen, bis er sich sichtbar vergrößert hat, ihn leicht mit Mehl bestäuben, aus der Schüssel nehmen, auf der Arbeitsfläche nochmals kurz durchkneten, den Teig auf einem gefetteten Backblech (38 x 28 cm) ausrollen, mit
20 g zerlassener Butter	bestreichen.
	Für die Streusel
300 g Weizenmehl	in eine Rührschüssel sieben, mit
150 g Zucker	
1 Pck. Vanillin-Zucker	mischen
200 g weiche Butter oder Margarine	hinzufügen, alle Zutaten mit Handrührgerät mit Knethaken zu Streuseln von gewünschter Größe verarbeiten, die Hälfte der Streusel großzügig auf dem Teig verteilen, unter die restlichen Streusel
10 g Kakaopulver	arbeiten, die Lücken damit füllen, so daß ein schwarz-weißes Muster entsteht, den Teig nochmals an einem warmen Ort gehen lassen, bis er sich sichtbar vergrößert hat
Ober-/Unterhitze	200–220 °C (vorgeheizt)
Heißluft	180–200 °C (nicht vorgeheizt)
Gas	Stufe 4–5 (vorgeheizt)
Backzeit	15–20 Minuten.
	Zum Beträufeln
125 ml (1/8 l) Milch	erhitzen
60 g Butter	darin auflösen, den noch heißen Kuchen damit beträufeln, erkalten lassen den erkalteten Kuchen mit
100 g zerlassener Butter	bestreichen, mit
50 g Puderzucker	bestäuben.

Saftiger Zuckerkuchen

(Foto Seite 19)

	Für den Teig
375 g g Weizenmehl	in eine Rührschüssel sieben, mit
1 Pck. Trockenhefe	sorgfältig vermischen
50 g Zucker 1 Pck. Vanillin-Zucker 1 Prise Salz 200 ml lauwarme Milch 75 g zerlassene, abgekühlte Butter oder Margarine	hinzufügen, die Zutaten mit einem Handrührgerät mit Knethaken zunächst auf niedrigster, dann auf höchster Stufe in etwa 5 Minuten zu einem Teig verarbeiten, sollte er kleben, noch etwas Mehl hinzufügen (aber nicht zu viel, der Teig muß weich bleiben), den Teig abgedeckt so lange an einem warmen Ort stehenlassen, bis er sich sichtbar vergrößert hat, den Teig auf der Arbeitsfläche nochmals kurz durchkneten, auf einem gefetteten Backblech (38 x 28 cm) ausrollen,vor den Teig einen mehrfach umgeknickten Streifen Alufolie legen.
	Für den Belag
75 g Butter	in Flöckchen gleichmäßig auf den Teig setzen
150 g Zucker	darüber streuen, den Teig nochmals so lange an einem warmen Ort stehenlassen, bis er sich sichtbar vergrößert hat, erst dann in den Backofen schieben
Ober-/Unterhitze	200–220 °C (vorgeheizt)
Heißluft	180–200 °C (nicht vorgeheizt) zu heiß
Gas	Stufe 4–5 (vorgeheizt)
Backzeit	etwa 20 Minuten.
	Nach etwa 15 Minuten Backzeit das Gebäck mit
1 Becher (150 g) saurer Sahne oder Crème fraîche	bestreichen, weitere 5 Minuten backen lassen.

!! 20 Min = o.k.
Temp. 175°C

Butter- oder Zuckerkuchen

(Foto Seite 20)

	Für den Teig
300 g Weizenmehl	mit
1 Pck. Backpulver	
150 g Magerquark	
100 ml Milch	
100 ml Speiseöl	
80 g Zucker	
1 Pck. Vanillin-Zucker	
1 Fläschchen Butter-Vanille-Aroma	
1 Prise Salz	hinzufügen, die Zutaten mit Handrührgerät mit Knethaken auf höchster Stufe in etwa 1 Minute verarbeiten (nicht zu lange, Teig klebt sonst), anschließend auf der bemehlten Arbeitsfläche zu einer Rolle formen, den Teig auf einem gefetteten Backblech (38 x 28 cm) etwa 1/2 cm dick ausrollen, mit
300 g Rosinen	bestreuen, mit der Teigrolle leicht eindrücken.
	Für den Belag
125 g zerlassene Butter	etwas abkühlen lassen, mit
1 Ei	verschlagen, gleichmäßig über die Rosinen verteilen, alles mit
100 g Hagelzucker oder grobem Zucker	
75 g abgezogenen, gehobelten Mandeln	bestreuen
Ober-/Unterhitze	etwa 200 °C (vorgeheizt)
Heißluft	etwa 170 °C (nicht vorgeheizt)
Gas	etwa Stufe 4 (vorgeheizt)
Backzeit	etwa 20 Minuten. Das Gebäck in Stücke von gewünschter Größe schneiden, möglichst frisch essen.

Marzipan-Butter-Kuchen, Rezept Seite 6

Bienenstich, Rezept Seite 10

Saftiger Zuckerkuchen, Rezept Seite 15

Butter- oder Zuckerkuchen, Rezept Seite 16

Sandschnitten

	Für den Teig
250 g Butter	zerlassen, kalt stellen in das erkaltete, wieder etwas festgewordene Fett
200 g feinkörnigen Zucker	
1 Pck. Vanillin-Zucker	geben, so lange rühren, bis Fett und Zucker weißschaumig geworden sind, nach und nach
4 Eier	
1 Prise Salz	unterrühren
125 g Weizenmehl	mit
125 g Speisestärke	
½ gestr. TL Backpulver	mischen, sieben, eßlöffelweise unterrühren, den Teig auf ein gefettetes Backblech (38 x 28 cm) geben, glattstreichen, mit
50 g abgezogenen, gehobelten Mandeln	bestreuen, in den Backofen schieben
Ober-/Unterhitze	etwa 180 °C (vorgeheizt)
Heißluft	etwa 160 °C (nicht vorgeheizt)
Gas	etwa Stufe 3 (vorgeheizt)
Backzeit	etwa 20 Minuten.
	Für den Guß
50 g Puderzucker	sieben, mit
4 EL Orangensaft	
2 EL Zitronensaft	verrühren, den noch warmen Kuchen damit bestreichen, einziehen lassen, das Gebäck in Schnitten von beliebiger Größe schneiden.

Sächsischer Kirmeskuchen

(Foto Seite 37)

Für den Hefeteig

500 g Weizenmehl in eine Rührschüssel sieben und sorgfältig mit
1 Pck. Trocken-Backhefe vermischen
75 g Zucker
1 Pck. Vanillinzucker
1 Prise Salz
250 ml (1/4 l) lauwarme Milch
75–100 g zerlassene, abgekühlte Butter oder Margarine hinzufügen, mit Handrührgerät mit Knethaken zunächst kurz auf niedrigster, dann auf höchster Stufe in etwa 5 Minuten zu einem Teig verarbeiten, den Teig abgedeckt so lange an einem warmen Ort gehen lassen, bis er sich sichtbar vergrößert hat, den Teig aus der Schüssel nehmen und auf der Arbeitsfläche nochmals kurz durchkneten, den Teig auf einem gefetteten Backblech ausrollen, vor den Teig einen mehrfach umgeknickten Streifen Alufolie legen.

Für die Quarkauflage

500 g Magerquark mit
150 g Zucker
1 EL gesiebter Speisestärke
50 g Butter oder Margarine
2 kleinen Eier
50 g Rosinen
etwas abgeriebener Schale von 1 Zitrone (unbehandelt) verrühren, die Quarkmasse auf den Hefeteig streichen.

Für die Streusel

150 g Weizenmehl in eine Rührschüssel sieben, mit
75 g Zucker
1 Pck. Vanillinzucker mischen,
75–100 g weiche Butter hinzufügen, alle Zutaten mit Handrührgerät mit Knethaken zu Streuseln von gewünschter Größe verarbeiten und auf der Quarkmasse verteilen, den Teig nochmals 20 Minuten gehen lassen, das Backblech in den Backofen schieben

Ober-/Unterhitze 180–200 °C (vorgeheizt)
Heißluft etwa 160 °C (nicht vorgeheizt)
Gas Stufe 3–4 (vorgeheizt)
Backzeit 30–35 Minuten.

Vanille-Kirsch-Kuchen

(Foto Seite 38)

250 g Weizenmehl	in eine Rührschüssel sieben, mit
1 Pck. Trockenhefe	sorgfältig vermischen
25 g Zucker	
1 Pck. Vanillin-Zucker	
1 Prise Salz	
1 Ei	
1 Becher (150 g) Crème fraîche	hinzufügen, die Zutaten mit Handrührgerät mit Knethaken zunächst auf niedrigster, dann auf höchster Stufe in etwa 5 Minuten zu einem Teig verarbeiten, den Teig zugedeckt so lange an einem warmen Ort stehen lassen, bis er sich sichtbar vergrößert hat.
100 g Weizenmehl	in eine Rührschüssel sieben
25 g Zucker	
1 Pck. Vanillin-Zucker	
1 Prise Salz, 1 Ei	
50 g Margarine oder Butter	hinzufügen, die Zutaten mit Handrührgerät mit Knethaken zunächst kurz auf niedrigster, dann auf höchster Stufe gut durcharbeiten, anschließend auf der Arbeitsfläche zu einem glatten Teig verkneten, aus
2 Pck. Pudding-Pulver Vanille-Geschmack	
50 g Zucker, 2 Eigelb	
750 ml (3/4 l) Milch	nach Anleitung (jedoch nur mit 750 ml Milch) einen Pudding zubereiten
3 Eiweiß	steif schlagen, sofort unter den kochendheißen Pudding rühren, etwas abkühlen lassen
2 Becher (250 g) Crème double	unterrühren, den Pudding erkalten lassen, den gegangenen Hefeteig leicht mit Mehl bestäuben, aus der Schüssel nehmen, auf der Arbeitsfläche mit dem Knetteig gut verkneten, die Hälfte des Teiges auf einem gefetteten Backblech (38 x 28 cm) ausrollen, mit dem abgekühlten Pudding bestreichen
700 g Sauerkirschen (aus dem Glas)	gut abtropfen lassen, auf dem Pudding verteilen, den restlichen Teig in Größe des Backblechs ausrollen, auf die Kirschen legen, an den Rändern mit Hilfe einer Teigkarte andrücken
1 Eigelb	mit
1 EL Kondensmilch	verschlagen, den Teig damit bestreichen, mit
Zimt-Zucker	

Fortsetzung Seite 24

50 g abgezogenen, gehobelten Mandeln	bestreuen, den Teig nochmals so lange an einem warmen Ort gehen lassen, bis er sich sichtbar vergrößert hat
Ober-/Unterhitze	180–200 °C (vorgeheizt)
Heißluft	160–180 °C (nicht vorgeheizt)
Gas	Stufe 3–4 (vorgeheizt)
Backzeit	etwa 30 Minuten.

Tante Annas Schmandkuchen

	Für den Teig
250 g weiche Margarine oder Butter	mit Handrührgerät mit Rührbesen auf höchster Stufe in etwa 1/2 Minute geschmeidig rühren, nach und nach
100 g Zucker	
1 Pck. Vanillin-Zucker	unterrühren, so lange rühren, bis eine gebundene Masse entstanden ist
1 Ei	unterrühren (etwa 1/2 Minute)
300 g Weizenmehl	mit
3 gestr. TL Backpulver	mischen, sieben, abwechselnd eßlöffelweise mit
2–3 EL Milch	auf mittlerer Stufe unterrühren (nur so viel Milch verwenden, daß der Teig schwerreißend von einem Löffel fällt), den Teig in eine gefettete Fettfangschale (38 x 28 cm) geben, in den Backofen schieben
Ober-/Unterhitze	etwa 180 °C (vorgeheizt)
Heißluft	etwa 160 °C (nicht vorgeheizt)
Gas	etwa Stufe 3 (vorgeheizt)
Backzeit	15–20 Minuten.
	Für den Belag
1 Pck. Pudding-Pulver Vanille-Geschmack	mit
60 g Weizenmehl	
60 g Grieß	
175 g Zucker	
250 ml (1/4 l) Milch	anrühren
1750 ml (1 3/4 l) Milch	zum Kochen bringen, in die kochende, von der Kochstelle genommene Milch die angerührte Mischung rühren, etwa 3 Minuten unter Rühren kochen, abkühlen lassen, ab und zu unterrühren, unter etwa 1/4 des lauwarmen Puddings
4 Eigelb	
1 Pck. Vanillin-Zucker	rühren
250 ml (1/4 l) Schlagsahne	steif schlagen
250 g Sauerrahm	verrühren

4 Eiweiß	steif schlagen, Schlagsahne, Sauerrahm und Eiweiß unter den mit Eigelb verrührten Pudding heben, unter den restlichen Pudding
150–250 g Rosinen	rühren, den Rosinenpudding gleichmäßig auf dem Teig verteilen, den mit Sahne und Eiweiß verrührten Pudding darauf streichen
Ober-/Unterhitze	etwa 180 °C (vorgeheizt)
Heißluft	etwa 160 °C (nicht vorgeheizt)
Gas	etwa Stufe 3 (vorgeheizt)
Backzeit	etwa 40 Minuten.

Crème-fraîche-Kuchen mit Mandeln

	Für den Belag 1 Eßlöffel von
2 Bechern (je 150 g) Crème fraîche	abnehmen, mit
125 g Butter **125 g Zucker** **1 Pck. Vanillin-Zucker** **2 EL Milch**	in einen kleinen Topf geben, langsam erwärmen, von der Kochstelle nehmen.
	Für den Teig die restliche Crème fraîche in eine Schüssel geben
150 g Zucker **abgeriebene Schale von 1 Zitrone (unbehandelt)** **3 Eier**	hinzufügen, mit Handrührgerät mit Rührbesen kurz verrühren
300 g Weizenmehl	mit
4 TL Backpulver	mischen, auf die Crème-fraîche-Masse sieben, gut verrühren, den Teig in die gefettete Fettfangschale des Backofens geben, glattstreichen, in den Backofen schieben, nach etwa 10 Minuten Backzeit mit der Butter-Zucker-Mischung bestreichen, mit
100 g abgezogenen, gehobelten Mandeln	bestreuen, weitere 15 Minuten backen lassen
Ober-/Unterhitze	etwa 200 °C (vorgeheizt)
Heißluft	etwa 180 °C (nicht vorgeheizt)
Gas	etwa 4 (vorgeheizt)
Backzeit	etwa 25 Minuten.

Haselnußzopf

	Für die Füllung
100 g gemahlene Haselnußkerne	in einer Pfanne unter Rühren leicht rösten, erkalten lassen
100 g Marzipan-Rohmasse	mit
1 Ei	
30 g Zucker	
1 Pck. Vanillin-Zucker	
½ Fl. Rum-Aroma	zu einer geschmeidigen Masse verrühren, die Haselnüsse unterrühren.
	Für den Teig
300 g Weizenmehl	mit
1 Pck. Backpulver	
150 g Magerquark	
100 ml Milch	
100 ml Speiseöl	
80 g Zucker	
1 Pck. Vanillin-Zucker	
1 Fläschchen Butter-Vanille-Aroma	
1 Prise Salz	hinzufügen, die Zutaten mit Handrührgerät mit Knethaken auf höchster Stufe in etwa 1 Minute verarbeiten (nicht zu lange, Teig klebt sonst), anschließend auf der bemehlten Arbeitsfläche zu einer Rolle formen, den Teig zu einem Rechteck von etwa 40 x 35 cm ausrollen, mit der Füllung bestreichen, am Rand etwa 1 cm Teig frei lassen, mit
Kondensmilch	bestreichen, den Teig von der längeren Seite her aufrollen, die Rolle der Länge nach mit einem spitzen Messer einmal durchschneiden, darauf achten, daß die Rolle genau in der Mitte geteilt wird, damit der Zopf gleichmäßig aufgeht, die beiden Teigstränge – mit der Teigseite nach unten – umeinanderschlingen, als Zopf auf ein gefettetes Backblech legen, die Enden fest zusammendrücken
Ober-/Unterhitze	etwa 170 °C (vorgeheizt)
Heißluft	etwa 150 °C (nicht vorgeheizt)
Gas	etwa Stufe 3 (vorgeheizt)
Backzeit	etwa 45 Minuten (nach etwa 25 Minuten Backzeit Zopf evtl. abdecken).
	Zum Aprikotieren
3 EL Aprikosenkonfitüre	durch ein Sieb streichen, mit
2 EL Wasser	unter Rühren etwas einkochen lassen, den Zopf sofort nach dem Backen damit bestreichen.

Luisenkuchen

250 g Weizenmehl	mit
1 gestr. TL Backpulver	mischen, in eine Rührschüssel sieben
100 g Zucker	
1 Pck. Vanillin-Zucker	
1 Ei	
125 g weiche Margarine oder Butter	hinzufügen, die Zutaten mit Handrührgerät mit Knethaken zunächst kurz auf niedrigster, dann auf höchster Stufe gut durcharbeiten, anschließend auf der Arbeitsfläche zu einem glatten Teig verkneten, den Teig auf einem gefetteten Backblech (38 x 28 cm) ausrollen, mehrmals mit einer Gabel einstechen, vorbacken
Ober-/Unterhitze	200–220 °C (vorgeheizt)
Heißluft	etwa 170 °C (vorgeheizt)
Gas	etwa Stufe 5 (vorgeheizt)
Backzeit	etwa 10 Minuten
200 g weiche Margarine oder Butter	mit Handrührgerät mit Rührbesen auf höchster Stufe geschmeidig rühren, nach und nach
200 g Zucker	
1 Pck. Vanillin-Zucker	
1 Prise Salz	
abgeriebene Schale von 1 Zitrone (unbehandelt)	unterrühren, so lange rühren, bis eine gebundene Masse entstanden ist
5 Eier	nach und nach unterrühren (jedes Ei etwa 1/2 Minute)
200 g Weizenmehl	mit
50 g Speisestärke	
1 gestr. TL Backpulver	mischen, sieben, eßlöffelweise auf mittlerer Stufe unterrühren
50 g abgezogene, gemahlene Mandeln	auf mittlerer Stufe unterrühren den vorgebackenen Knetteigboden mit
5 EL Sauerkirsch- oder Schwarze Johannisbeer-Konfitüre	bestreichen, den Rührteig gleichmäßig darauf verteilen, glattstreichen
Ober-/Unterhitze	etwa 180 °C (vorgeheizt)
Heißluft	etwa 160 °C (nicht vorgeheizt)
Gas	etwa Stufe 3 (vorgeheizt)
Backzeit	etwa 25 Minuten den Kuchen nach dem Backen etwas abkühlen lassen.

Fortsetzung Seite 28

	Zum Bestreichen
50 g Butter	zerlassen, den Kuchen damit bestreichen, mit
25 g Zucker	bestreuen, nach Belieben 30 g Halbbitter-Kuvertüre in einem kleinen Topf im Wasserbad bei schwacher Hitze zu einer geschmeidigen Masse verrühren, das erkaltete Gebäck damit besprenkeln, das Gebäck in Dreiecke, Rauten oder in Rechtecke schneiden.
Tip:	In Alufolie verpackt oder in einer gut schließenden Blechdose kann das Gebäck mehrere Tage aufbewahrt werden.

Hefezopf

(Foto Seite 39)

500 g Weizenmehl	in eine Rührschüssel sieben, mit
1 Pck. Trockenhefe	sorgfältig vermischen
50 g Zucker	
1 Pck. Vanillin-Zucker	
1 Prise Salz	
2 Eier	
1 Eiweiß	
250 ml (1/4 l) lauwarme	
Schlagsahne	hinzufügen, die Zutaten mit einem Handrührgerät mit Knethaken zunächst kurz auf niedrigster, dann auf höchster Stufe in etwa 5 Minuten zu einem Teig verarbeiten, sollte er kleben, noch etwas Mehl hinzufügen (aber nicht zu viel, der Teig muß weich bleiben), den Teig so lange an einem warmen Ort stehen lassen, bis er sich sichtbar vergrößert hat, ihn dann auf höchster Stufe nochmals kurz durchkneten, aus 2/3 des Teiges 3 etwa 40 cm lange Rollen formen, flechten, als Zopf auf ein gefettetes Backblech legen, mit einem Rollholz der Länge nach eine Vertiefung eindrücken
1 Eigelb	
1 EL Milch	verschlagen, die Vertiefung mit etwas davon bestreichen von dem Rest des Teiges 3 etwa 35 cm lange Rollen formen, daraus einen Zopf flechten, auf den größeren legen, ebenfalls mit Eigelbmilch bestreichen, den Zopf nochmals so lange an einem warmen Ort gehen lassen, bis er sich sichtbar vergrößert hat, in den Backofen schieben
Ober-/Unterhitze	etwa 180 °C (vorgeheizt)
Heißluft	etwa 160 °C (nicht vorgeheizt)
Gas	etwa Stufe 3 (vorgeheizt)
Backzeit	etwa 35 Minuten.

Biskuitrolle

(Foto Seite 40)

	Für den Teig
3 Eier	
5–6 EL heißes Wasser*	mit Handrührgerät mit Rührbesen auf höchster Stufe in 1 Minute schaumig schlagen
150 g Zucker	mit
1 Pck. Vanillin-Zucker	mischen, in 1 Minute einstreuen, dann noch etwa 2 Minuten schlagen
100 g Weizenmehl	mit
50 g Speisestärke	
1 gestr. TL Backpulver	mischen, die Hälfte davon auf die Eiercreme sieben, kurz auf niedrigster Stufe unterrühren, den Rest des Mehl-Gemisches auf dieselbe Weise unterarbeiten, den Teig etwa 1 cm dick auf ein mit Backpapier belegtes Backblech (38 x 28 cm) streichen, an der offenen Seite des Blechs das Papier unmittelbar vor dem Teig zur Falte knicken, so daß ein Rand entsteht
Ober-/Unterhitze	200–220 °C (vorgeheizt)
Heißluft	–
Gas	Stufe 4–5 (vorgeheizt)
Backzeit	10–15 Minuten.
	Den Biskuit sofort nach dem Backen auf ein mit
Zucker	bestreutes Geschirrtuch stürzen, das Backpapier mit kaltem Wasser bestreichen, vorsichtig, aber schnell abziehen, den Biskuit sofort gleichmäßig mit
250–375 g Konfitüre	bestreichen, von der kürzeren Seite her aufrollen, die Rolle mit
Puderzucker	bestäuben.

* Bei kleinen Eiern die größere Wassermenge, bei großen Eiern die kleinere nehmen.

Zitronen-Sahne-Rolle

4 Eier	
3–4 EL heißes Wasser*	mit Handrührgerät mit Rührbesen auf höchster Stufe in 1 Minute schaumig schlagen
125 g Zucker	mit
1 Pck. Vanillin-Zucker	mischen, in 1 Minute einstreuen, dann noch etwa 2 Minuten schlagen
75 g Weizenmehl	mit
50 g Speisestärke	
1 Msp. Backpulver	mischen, die Hälfte davon auf die Eiercreme sieben, kurz auf niedrigster Stufe unterrühren, den Rest des Mehl-Gemisches auf die gleiche Weise unterarbeiten, den Teig etwa 1 cm dick auf ein gefettetes, mit Backpapier belegtes Backblech (38 x 28 cm) streichen, an der offenen Seite des Blechs das Papier unmittelbar vor dem Teig zur Falte knicken, so daß ein Rand entsteht, sofort backen
Ober-/Unterhitze	200–220 °C (vorgeheizt)
Heißluft	–
Gas	Stufe 4–5 (vorgeheizt)
Backzeit	10–15 Minuten.
	Den Biskuit sofort nach dem Backen auf ein mit
Zucker	bestreutes Geschirrtuch stürzen, das Backpapier mit kaltem Wasser bestreichen, vorsichtig, aber schnell abziehen, den Biskuit von der kürzeren Seite her mit dem Geschirrtuch aufrollen, kalt stellen.
2 gestr. TL gemahlene Gelatine, weiß	mit
2 EL kaltem Wasser	in einem kleinen Topf anrühren, 10 Minuten zum Quellen stehen lassen, mit den Ecken von
3 Stück Würfelzucker	die
Schale von 1/2 Zitrone (unbehandelt)	abreiben, die gequollene Gelatine mit dem Würfelzucker unter Rühren erwärmen, bis alles gelöst ist
5 EL Zitronensaft	hinzufügen
500 ml (1/2 l) Schlagsahne	fast steif schlagen, die lauwarme Gelatinelösung unter Schlagen hinzufügen, die Sahne vollkommen steif schlagen
100 g Puderzucker	sieben, unterrühren, die ausgekühlte Rolle vorsichtig auseinanderrollen, mit zwei Drittel der Zitronen-Sahne bestreichen, aufrollen, dabei die äußere braune Haut entfernen, die Rolle zunächst dünn mit etwas Sahne, dann mit der restlichen Sahne bestreichen, die Rolle durch wellenförmige Längsstriche mit Hilfe einer Gabel verzieren.

* Bei kleinen Eiern die größere Wassermenge, bei großen Eiern die kleinere nehmen.

Schokoladen-Biskuitrolle

	Für den Teig
4 Eier	
4 EL warmem Wasser	mit einem Handrührgerät mit Rührbesen auf höchster Stufe in 1 Minute schaumig schlagen
125 g Zucker	mit
1 Pck. Vanillin-Zucker	mischen, in 1 Minute einstreuen, dann noch etwa 2 Minuten schlagen
50 g Weizenmehl	mit
50 g Speisestärke	
30 g Kakao	
1/2 gestr. TL Backpulver	mischen, die Hälfte davon auf die Eiercreme sieben, kurz auf niedrigster Stufe unterrühren, den Rest des Mehl-Gemisches auf dieselbe Weise unterarbeiten, den Teig etwa 1 cm dick auf ein gefettetes, mit Pergamentpapier belegtes Backblech (38 x 28 cm) streichen, an der offenen Seite des Blechs das Papier unmittelbar vor dem Teig zu einer Falte knicken, so daß ein Rand entsteht, im Backofen backen
Ober-/Unterhitze	200–220 °C (vorgeheizt)
Heißluft	–
Gas	Stufe 4–5 (vorgeheizt)
Backzeit	10–15 Minuten. Den Biskuit sofort nach dem Backen auf ein mit Zucker bestreutes Papier stürzen, das Pergamentpapier mit kaltem Wasser bestreichen, vorsichtig, aber schnell abziehen, den Biskuit mit der Papierunterlage aufrollen, kalt stellen.
	Für die Füllung
1 Pck. Pudding-Pulver Vanille-Geschmack	
100 g Zucker	mit 6 Eßlöffeln von
500 ml (1/2 l) kalter Milch	anrühren, die übrige Milch erhitzen in die kochende, von der Kochstelle genommene Milch das angerührte Pudding-Pulver rühren, einmal kurz aufkochen lassen, während des Erkaltens ab und zu durchrühren
200 g Butter	geschmeidig rühren, den Pudding eßlöffelweise darunter geben (darauf achten, daß weder Fett noch Pudding zu kalt sind, da dann die sogenannte Gerinnung eintritt), die ausgekühlte Rolle vorsichtig auseinanderrollen, mit der Hälfte der Buttercreme gleichmäßig bestreichen, aufrollen, die äußere braune Haut entfernen, die Rolle mit der restlichen Creme bestreichen, verzieren.

Zitronen-Blitzkuchen

300 g Butter	
oder Margarine	mit Handrührgerät mit Rührbesen auf höchster Stufe geschmeidig rühren, nach und nach
300 g Zucker	
1 Pck. Vanillin-Zucker	
1 Prise Salz	unterrühren, so lange rühren, bis eine gebundene Masse entstanden ist
5 Eier	nach und nach unterrühren (jedes Ei etwa 1/2 Minute)
300 g Weizenmehl	mit
2 gestr. TL Backpulver	mischen, sieben, abwechselnd portionsweise mit
abgeriebener Schale von	
1 Zitrone (unbehandelt)	auf mittlerer Stufe unterrühren, den Teig 1 cm dick auf ein gefettetes Backblech streichen, vor den Teig einen mehrfach umgeknickten Streifen Alufolie legen, in den Backofen schieben
Ober-/Unterhitze	180–200 °C (vorgeheizt)
Heißluft	160–180 °C (nicht vorgeheizt)
Gas	Stufe 3–4 (vorgeheizt)
Backzeit	etwa 20 Minuten.
	Für den Guß
200 g Puderzucker	sieben, mit
4 EL Zitronensaft	und so viel
Wasser	glattrühren, daß eine dickflüssige Masse entsteht, das erkaltete Gebäck damit bestreichen, in beliebig große Stücke schneiden.

Blechkuchen mit Pudding & Creme

Donauwellen

(Foto Seite 57)

250 g Margarine oder Butter	mit Handrührgerät mit Rührbesen auf höchster Stufe geschmeidig rühren, nach und nach
200 g Zucker 1 Pck. Vanillin-Zucker 1 Prise Salz	unterrühren, so lange rühren, bis eine gebundene Masse entstanden ist
5 Eier	nach und nach unterrühren (jedes Ei etwa 1/2 Minute)
375 g Weizenmehl	mit
3 gestr. TL Backpulver	mischen, sieben, portionsweise auf mittlerer Stufe unterrühren, knapp 2/3 des Teiges auf ein gefettetes Backblech streichen
20 g Kakaopulver	sieben, mit
1 EL Milch	unter den restlichen Teig rühren, gleichmäßig auf dem hellen Teig verteilen, vor den Teig einen mehrfach umgeknickten Streifen Alufolie legen
etwa 700 g entsteinte Sauerkirschen (aus dem Glas)	gut abtropfen lassen, auf dem dunklen Teig verteilen
Ober-/Unterhitze	etwa 180 °C (vorgeheizt)
Heißluft	etwa 160 °C (nicht vorgeheizt)
Gas	etwa Stufe 3 (vorgeheizt)
Backzeit	35–40 Minuten. Das Gebäck auskühlen lassen.
	Für die Buttercreme aus
1 Pck. Pudding-Pulver Vanille-Geschmack 100 g Zucker 500 ml (1/2 l) Milch	nach Anleitung auf dem Päckchen einen Pudding zubereiten, kalt stellen, ab und zu durchrühren
250 g weiche Butter	geschmeidig rühren, den erkalteten Pudding eßlöffelweise darunter rühren (darauf achten, daß weder Butter noch Pudding zu kalt sind, da dann die sogenannte Gerinnung eintritt), die erkaltete Gebäckplatte gleichmäßig mit der Buttercreme bestreichen, kalt stellen.
	Für den Guß
200 g Zartbitter-Schokolade	in kleine Stücke brechen, mit
20 g Kokosfett	in einem kleinen Topf im Wasserbad bei schwacher Hitze zu einer geschmeidigen Masse verrühren, den Guß auf die festgewordene Buttercreme streichen, mit Hilfe eines Tortenkammes verzieren.

Cremeschnitten

125 g weiche Margarine oder Butter	mit Handrührgerät mit Rührbesen auf höchster Stufe in etwa 1/2 Minute geschmeidig rühren, nach und nach
100 g Zucker **1 Pck. Vanillin-Zucker** **1 Prise Salz** **abgeriebene Schale von 1/2 Zitrone (unbehandelt)**	unterrühren, so lange rühren, bis eine gebundene Masse entstanden ist
2 Eier	nach und nach unterrühren (jedes Ei etwa 1/2 Minute)
100 g Weizenmehl	mit
1 gestr. TL Backpulver	mischen, sieben, portionsweise auf mittlerer Stufe unterrühren
75 g abgezogene, gemahlene Mandeln	auf mittlerer Stufe unterrühren, den Teig etwa 1 cm dick auf ein gefettetes Backblech (38 x 28 cm) streichen
Ober-/Unterhitze	etwa 180 °C (vorgeheizt)
Heißluft	etwa 160 °C (nicht vorgeheizt)
Gas	etwa Stufe 3 (vorgeheizt)
Backzeit	15–20 Minuten. Das Gebäck vom Backblech lösen, erkalten lassen, halbieren, eine Gebäckhälfte mit
1 EL Himbeerkonfitüre	(durch ein Sieb gestrichen) bestreichen, die andere Hälfte darauf legen, gut andrücken
1 Pck. Pudding-Pulver Himbeer-Geschmack **50 g Zucker** **250 ml (1/4 l) Milch**	nach Vorschrift auf dem Päckchen (aber nur mit 1/4 l Milch) einen Pudding zubereiten, kalt stellen, ab und zu durchrühren, in den abgekühlten Pudding
3 EL Himbeergeist	rühren
150 g Butter	geschmeidig rühren, den erkalteten Pudding eßlöffelweise darunter rühren, die Buttercreme gleichmäßig auf die Gebäckplatte streichen
100 g Marzipan-Rohmasse	mit
25 g gesiebtem Puderzucker	verkneten, dünn auf
gesiebtem Puderzucker	in der Größe des Gebäckstückes ausrollen, auf die Creme legen, leicht andrücken.
100 g Puderzucker	sieben, mit
etwa 1 Eiweiß	glattrühren, so daß eine dünnflüssige Masse entsteht, das Gebäck damit überziehen

Fortsetzung Seite 36

50 g Zartbitter-Schokolade	mit
etwas Kokosfett	in einem kleinen Topf im Wasserbad bei schwacher Hitze geschmeidig rühren, auf der Oberfläche des Gebäcks Schnitten von beliebiger Größe vorzeichnen, mit dem Guß verzieren, in Schnitten schneiden.

Schmandkuchen

375 g g Weizenmehl	in eine Rührschüssel sieben, mit
1 Pck. Trockenhefe	sorgfältig vermischen
50 g Zucker	
1 Pck. Vanillin-Zucker	
1 Prise Salz	
200 ml lauwarme Milch	
75 g zerlassene, abgekühlte Butter oder Margarine	hinzufügen, die Zutaten mit einem Handrührgerät mit Knethaken zunächst auf niedrigster, dann auf höchster Stufe in etwa 5 Minuten zu einem Teig verarbeiten, den Teig abgedeckt so lange an einem warmen Ort stehen lassen, bis er sich sichtbar vergrößert hat, den Teig auf der Arbeitsfläche nochmals kurz durchkneten, auf einem gefetteten Backblech (38 x 28 cm) ausrollen
100 g Rosinen	verlesen, über den Teig streuen, den Teig nochmals gehen lassen.
1 Pck. Puddingpulver Vanille-Geschmack	
20 g Speisestärke	
75 g Zucker	mit 6 Eßlöffeln von
375 ml ($^{3}/_{8}$ l) kalter Milch	anrühren, die übrige Milch zum Kochen bringen, von der Kochstelle nehmen, das Puddingpulver unter Rühren hineingeben, kurz aufkochen lassen
2 Becher (je 250 g) Schmand	unterrühren, die Puddingcreme auf den Teig streichen, das Backblech in den Backofen schieben
Ober-/Unterhitze	etwa 200 °C (vorgeheizt)
Heißluft	etwa 180 °C (nicht vorgeheizt)
Gas	etwa Stufe 4 (vorgeheizt)
Backzeit	etwa 30 Minuten
1 Becher (250 g) Schmand	mit
2 EL Zucker	gut verrühren, über den gebackenen Kuchen streichen den Schmand-Kuchen noch etwa 5 Minuten backen lassen.

Sächsischer Kirmeskuchen, Rezept Seite 22

Vanille-Kirsch-Kuchen, Rezept Seite 23

Hefezopf, Rezept Seite 28

Biskuitrolle, Rezept Seite 29

Puddingkuchen

	Für den Teig
375 g Weizenmehl	in eine Rührschüssel sieben, mit
1 Pck. Trockenhefe	sorgfältig vermischen
50 g Zucker	
1 Pck. Vanillin-Zucker	
1 Prise Salz	
200 ml lauwarme Milch	
75 g zerlassene, abgekühlte Butter oder Margarine	hinzufügen, die Zutaten mit einem Handrührgerät mit Knethaken zunächst auf niedrigster, dann auf höchster Stufe in etwa 5 Minuten zu einem Teig verarbeiten, sollte er kleben, noch etwas Mehl hinzufügen (aber nicht zu viel, der Teig muß weich bleiben), den Teig abgedeckt so lange an einem warmen Ort stehenlassen, bis er sich sichtbar vergrößert hat, den Teig auf der Arbeitsfläche nochmals kurz durchkneten, auf einem gefetteten Backblech (38 x 28 cm) ausrollen, an den Rändern etwas hochdrücken.
	Für die Füllung
2 Pck. Pudding-Pulver Vanille-Geschmack	
80 g Zucker	mit 8 Eßlöffeln von
1 l kalter Milch	anrühren, die restliche Milch zum Kochen bringen, von der Kochstelle nehmen, das angerührte Pudding-Pulver langsam unter Rühren hineingeben, kurz aufkochen lassen, während des Erkaltens ab und zu durchrühren, die Füllung auf den Teig geben, glattstreichen, den restlichen Teig in Größe des Backblechs ausrollen, auf die Füllung legen, an den Seiten gut andrücken, die Teigplatte mit einer Gabel mehrmals einstechen, den Teig nochmals an einem warmen Ort stehenlassen, bis er sich sichtbar vergrößert hat, erst dann in Backofen schieben
Ober-/Unterhitze	200–220 °C (vorgeheizt)
Heißluft	180–200 °C (nicht vorgeheizt)
Gas	Stufe 4–5 (vorgeheizt)
Backzeit	15–20 Minuten.
	Für den Guß
100 g Zartbitter-Schokolade	in kleine Stücke brechen, mit
25 g Kokosfett	in einem kleinen Topf im Wasserbad bei schwacher Hitze zu einer geschmeidigen Masse verrühren, den erkalteten Kuchen damit bestreichen.

Mohn-Quarkkuchen

(Foto Seite 58)

500 g Weizenmehl	mit
2 gestr. TL Backpulver	mischen, in eine Rührschüssel sieben
125 g Zucker	
1 Pck. Vanillin-Zucker	
2 Eier	
250 g weiche Butter oder Margarine	hinzufügen, die Zutaten mit Handrührgerät mit Knethaken zunächst kurz auf niedrigster, dann auf höchster Stufe gut durcharbeiten, anschließend auf der Arbeitsfläche zu einem glatten Teig verkneten, sollte er kleben, ihn eine Zeitlang kalt stellen
500 ml (½ l) Milch	zum Kochen bringen
375 g frisch gemahlenen Mohn	in die von der Kochstelle genommene Milch rühren, quellen lassen, sobald die Masse etwas abgekühlt ist,
75–100 g Zucker	
2 EL Honig	
2 Eier	
100 g Sultaninen	
50 g Semmelbrösel	unterrühren, die Masse vollständig erkalten lassen.
1 kg Magerquark	mit
200 g Zucker	
2 Eier	
1 Prise Salz	
abgeriebener Schale von ½ Zitrone (unbehandelt)	
75 g zerlassener Butter	
1 Pck. Käsekuchenhilfe	verrühren, ⅔ des Teiges in einer gefetteten Fettpfanne (38 x 28 cm) ausrollen, zunächst den Quarkbelag darauf streichen, dann den Mohnbelag darauf verteilen, den restlichen Teig dünn ausrollen, in etwa 1 cm breite Streifen rädern, die Teigstreifen als Gitter auf die Mohnmasse legen, das Backblech in den Backofen schieben
Ober-/Unterhitze	etwa 180 °C (nicht vorgeheizt)
Heißluft	etwa 160 °C (nicht vorgeheizt)
Gas	etwa Stufe 3 (vorgeheizt)
Backzeit	etwa 50 Minuten
3–4 EL Aprikosen-Konfitüre	durch ein Sieb streichen, mit
3 EL Wasser	verrühren, aufkochen, etwas einkochen lassen, die Kuchenoberfläche damit bestreichen.

Mohnkuchen mit Streuseln

375 g g Weizenmehl	in eine Rührschüssel sieben, mit
1 Pck. Trockenhefe	sorgfältig vermischen
50 g Zucker	
1 Pck. Vanillin-Zucker	
1 Prise Salz	
200 ml lauwarme Milch	
75 g zerlassene, abgekühlte Butter oder Margarine	hinzufügen, die Zutaten mit einem Handrührgerät mit Knethaken zunächst auf niedrigster, dann auf höchster Stufe in etwa 5 Minuten zu einem Teig verarbeiten, sollte er kleben, noch etwas Mehl hinzufügen (aber nicht zu viel, der Teig muß weich bleiben), den Teig abgedeckt so lange an einem warmen Ort stehenlassen, bis er sich sichtbar vergrößert hat, den Teig auf der Arbeitsfläche nochmals kurz durchkneten, auf einem gefetteten Backblech (38 x 28 cm) ausrollen, vor den Teig einen mehrfach umgeknickten Streifen Alufolie legen.
500 g gemahlenen Mohn	mit heißem Wasser überbrühen, etwas quellen, auf einem Sieb gut abtropfen lassen
125 g Zucker	
1 Pck. Vanillin-Zucker	
4 Tropfen Zitronen-Aroma	
1/2 gestr. TL gem. Zimt	hinzugeben, mit
75 g zerlassener Butter oder Margarine	
knapp 125 ml (1/8 l) heißer Milch oder	
1 EL Honig	zu einer streichfähigen Masse verrühren
75 g verlesene Rosinen	unterheben, die Masse abkühlen lassen, gleichmäßig auf den Teig streichen.
200 g Weizenmehl	in eine Schüssel sieben
100 g Zucker	
1 Pck. Vanillin-Zucker	
1 Msp. gem. Zimt	
100 g Butter oder Margarine (in Flöckchen)	dazugeben, zu Streuseln vermengen, gleichmäßig auf den Belag streuen, das Backblech in den Backofen schieben
Ober-/Unterhitze	180–200 °C (vorgeheizt)
Heißluft	160–180 °C (nicht vorgeheizt)
Gas	Stufe 3–4 (vorgeheizt)
Backzeit	25–30 Minuten.

Eierschecke

(Foto Seite 59)

375 g Weizenmehl	in eine Rührschüssel sieben, mit
1 Pck. Trockenhefe	sorgfältig vermischen
50 g Zucker	
1 Pck. Vanillin-Zucker	
1 Prise Salz	
1 Ei	
200 ml lauwarme Milch	
50 g zerlassene, abgekühlte Butter	hinzufügen, die Zutaten mit einem Handrührgerät mit Knethaken zunächst auf niedrigster, dann auf höchster Stufe in etwa 5 Minuten zu einem Teig verarbeiten, sollte er kleben, noch etwas Mehl hinzufügen (aber nicht zu viel, der Teig muß weich bleiben), den Teig abgedeckt so lange an einem warmen Ort stehenlassen, bis er sich sichtbar vergrößert hat (etwa 30 Minuten), ihn aus der Schüssel nehmen, auf der Arbeitsfläche nochmals kurz durchkneten, in einer gefetteten Fettfangschale (38 x 28 cm) ausrollen, an den Rändern etwas hochdrücken.
500 g abgetropften Magerquark	mit
30 g weicher Butter	
80 g Zucker	
1 Ei	
2 Tropfen Bittermandel-Aroma	
2 EL Milch	
1 Pck. Käsekuchen-Hilfe	gut verrühren
40 g Rosinen	verlesen, unterrühren die Masse gleichmäßig auf den Teig streichen.
1 Pck. Dessert-Sauce Vanille-Geschmack	
30 g Zucker	
250 ml (1/4 l) Milch	nach der Vorschrift auf dem Päckchen (aber nur mit 1/4 l Milch) einen Pudding zubereiten, unter Rühren erkalten lassen
100 g Butter	geschmeidig rühren, nach und nach
75 g gesiebten Puderzucker	unterrühren, die Masse mit
3 Eigelb	unter den kalten Pudding rühren
3 Eiweiß	steif schlagen, vorsichtig unter die Creme rühren, die Creme auf den Quarkbelag streichen,den Teig nochmals an einem warmen Ort stehenlassen, bis er sich sichtbar vergrößert hat, die Fettfangschale in den Backofen schieben

Ober-/Unterhitze	etwa 200 °C (vorgeheizt)
Heißluft	etwa 180 °C (nicht vorgeheizt)
Gas	Stufe 3–4 (vorgeheizt)
Backzeit	etwa 30 Minuten.

Gefüllter Streuselkuchen

(Foto Seite 60)

375 g g Weizenmehl	in eine Rührschüssel sieben, mit
1 Pck. Trockenhefe	sorgfältig vermischen
50 g Zucker 1 Pck. Vanillin-Zucker 1 Prise Salz 200 ml lauwarme Milch 75 g zerlassene, abgekühlte Butter oder Margarine	hinzufügen, die Zutaten mit einem Handrührgerät mit Knethaken zunächst auf niedrigster, dann auf höchster Stufe in etwa 5 Minuten zu einem Teig verarbeiten, sollte er kleben, noch etwas Mehl hinzufügen (aber nicht zu viel, der Teig muß weich bleiben), den Teig abgedeckt so lange an einem warmen Ort stehenlassen, bis er sich sichtbar vergrößert hat, den Teig auf der Arbeitsfläche nochmals kurz durchkneten, auf einem gefetteten Backblech (38 x 28 cm) ausrollen, vor den Teig einen mehrfach umgeknickten Streifen Alufolie legen
300 g Weizenmehl	in eine Rührschüssel sieben, mit
150 g Zucker 1 Pck. Vanillin-Zucker	mischen
200 g weiche Butter 50 g abgezogene, gemahlene Mandeln oder Haselnußkerne	hinzufügen, alle Zutaten mit Handrührgerät mit Knethaken zu Streuseln von gewünschter Größe verarbeiten, gleichmäßig auf dem Teig verteilen, den Teig nochmals so lange an einem warmen Ort gehen lassen, bis er sich sichtbar vergrößert hat, das Backblech (38 x 28 cm) in den Backofen schieben
Ober-/Unterhitze	200–220 °C (vorgeheizt)
Heißluft	180–200 °C (nicht vorgeheizt)
Gas	Stufe 4–5 (vorgeheizt)
Backzeit	20–25 Minuten. Den gebackenen Kuchen erkalten lassen

Fortsetzung Seite 46

1 l Milch	
100 g Zucker	
2 Pck. Pudding-Pulver Vanille-, Sahne-, Karamel- oder Mandel-Geschmack	
2 Eier	nach der Vorschrift auf dem Päckchen einen Pudding kochen (die Eier unter das angerührte Puddingpulver rühren) in 2–3 Portionen
75 g weiche Butter	unter den heißen Pudding rühren, die Masse unter gelegentlichem Umrühren erkalten lassen, den Kuchen halbieren oder vierteln, die einzelnen Stücke quer durchschneiden, jeweils die untere Hälfte mit etwas von der Creme bestreichen, mit der oberen Hälfte bedecken.

Gefüllter Butterkuchen

	Für den Teig
375 g Weizenmehl	in eine Rührschüssel sieben, mit
1 Pck. Trockenhefe	sorgfältig vermischen
50 g Zucker	
1 Pck. Vanillin-Zucker	
1 Prise Salz	
50 g zerlassene lauwarme Butter	
1 Ei	
200 ml lauwarme Milch	hinzufügen, die Zutaten mit einem Handrührgerät mit Knethaken zunächst kurz auf niedrigster, dann auf höchster Stufe in etwa 5 Minuten zu einem Teig verarbeiten, sollte er kleben, noch etwas Mehl hinzufügen, den Teig so lange an einem warmen Ort stehenlassen, bis er sich sichtbar vergrößert hat.
	Für die Füllung
150 g Butter	
200 g Marzipan-Rohmasse	zu einer geschmeidigen Masse verrühren, den Teig auf der Arbeitsfläche kurz durchkneten, gut die Hälfte davon auf einem gefetteten Backblech (38 x 28 cm) ausrollen, an den Rändern etwas hochdrücken, die Füllung auf dem Teig verteilen, glattstreichen, den restlichen Teig in der Größe des Backblechs ausrollen, auf die Füllung legen, an den Seiten gut andrücken
75 g Butter	in Flöckchen auf die Teigdecke setzen

50 g Butter	
1/2 TL gem. Zimt	mischen, darüber streuen, den Teig nochmals so lange an einem warmen Ort stehnlassen, bis er sich sichtbar vergrößert hat, erst dann in den Backofen schieben
Ober-/Unterhitze	200–220 °C (vorgeheizt)
Heißluft	180–200 °C (nicht vorgeheizt)
Gas	Stufe 4–5 (vorgeheizt)
Backzeit	etwa 15 Minuten.

Käsekuchen auf dem Blech

	Für den Teig
250 g Weizenmehl	
1 gestr. TL Backpulver	mischen, in eine Rührschüssel sieben, in die Mitte eine Vertiefung eindrücken
60 g Zucker	
1 Ei	hineingeben, mit einem Teil des Mehls zu einem dicken Brei verarbeiten
125 g kalte Butter	in Stücke schneiden, auf den Brei geben, mit Mehl bedecken, von der Mitte aus alle Zutaten schnell zu einem glatten Teig verkneten, ihn eine Zeitlang kalt stellen, den Teig auf einem gefetteten Backblech (38 x 28 cm) ausrollen, mehrmals mit einer Gabel einstechen, mit
100 g gemahlenen Haselnußkernen	bestreuen.
	Für die Füllung
1 kg Sauerkirschen	waschen, entstielen, entsteinen
4 Pck. (je 200 g) Speisequark, Magerstufe	mit
200 g Zucker	
1 Pck. Vanillin-Zucker	
abgeriebener Schale und Saft von 1/2 Zitrone (unbehandelt)	
3 Eiern	
4 EL Grieß	gut verrühren, die Kirschen auf dem Boden verteilen, die Quark-Masse darauf geben, glattstreichen
4 EL geschälte Sonnenblumenkerne	darüber streuen, das Blech auf dem Rost in den Backofen schieben
Ober-/Unterhitze	etwa 200 °C (vorgeheizt)
Heißluft	etwa 180 °C (nicht vorgeheizt)
Gas	etwa Stufe 4 (vorgeheizt)
Backzeit	50–60 Minuten.

Topfenstrudel (Quarkstrudel)

125 g Weizenmehl	in eine Rührschüssel sieben
1 Prise Salz	
1 Ei	
2 EL lauwarmes Wasser	
2 EL Speiseöl	hinzufügen, die Zutaten mit Handrührgerät mit Knethaken zunächst kurz auf niedrigster, dann auf höchster Stufe gut durcharbeiten, anschließend auf der Arbeitsfläche zu einem glatten Teig verkneten, den Teig auf Backpapier in einen heißen, trockenen Kochtopf legen (vorher Wasser darin kochen), mit einem Deckel verschließen, etwa 30 Minuten ruhen lassen.
40 g Margarine	
oder Butter	geschmeidig rühren, nach und nach
40 g Zucker	
1 Ei	
1 EL Zitronensaft	
180 g Magerquark	
1 Pck. Dessert Soße	
Vanille-Geschmack	
2 EL Schlagsahne	unterrühren, den Teig auf einem bemehlten großen Küchentuch dünn ausrollen, mit den Händen zu einem Rechteck (60 x 40 cm) ausziehen (er muß durchsichtig sein), die dickeren Ränder abschneiden, den Teig mit etwas von
40 g weicher Butter	bestreichen, auf zwei Drittel des Teiges die Füllung streichen (an den Seiten etwa 3 cm Teig frei lassen), mit
50 g Rosinen	bestreuen
420 g Aprikosenhälften	
(aus der Dose)	gut abtropfen lassen, in kleine Stücke schneiden, auf die Quarkmasse streuen, die freigelassenen Teigstreifen auf die Füllung klappen, den Teig mit Hilfe des Tuches, mit der Füllung beginnend, aufrollen, an den Enden gut zusammendrücken, den Strudel auf ein gefettetes Backblech legen, mit etwas Butter bestreichen
Ober-/Unterhitze	170–200 °C (vorgeheizt)
Heißluft	160–180 °C (nicht vorgeheizt)
Gas	Stufe 3–4 (vorgeheizt)
Backzeit	40–50 Minuten. Nach 30 Minuten Backzeit den Strudel mit der restlichen Butter bestreichen, den Strudel abkühlen lassen, nach Belieben mit
Puderzucker	bestäuben.
Tip:	Den Strudel nach Belieben mit Vanillesauce servieren.

Blechkuchen mit Obst

Rhabarberkuchen mit Baiser

(Foto Seite 77)

	Für den Teig
250 g Weizenmehl	mit
2½ gestr. TL Backpulver	mischen, in eine Rührschüssel sieben
200 g weiche Margarine	
100 g Zucker	
1 Pck. Vanillin-Zucker	
1 Prise Salz	
1 Ei	hinzufügen, die Zutaten mit Handrührgerät mit Knethaken zunächst kurz auf niedrigster, dann auf höchster Stufe kurz durcharbeiten, anschließend auf der Arbeitsfläche zu einem glatten Teig verkneten, ihn etwa 1 Stunde kalt stellen den Teig auf einem gefetteten Backblech (38 x 28 cm) ausrollen.
	Für den Belag
1½ kg Rhabarber	waschen, in Stücke schneiden (nicht abziehen), gleichmäßig auf den Teig legen, das Backblech in den Backofen schieben
Ober- und Unterhitze	etwa 200 °C (vorgeheizt)
Heißluft	etwa 180 °C (nicht vorgeheizt)
Gas	etwa Stufe 4 (vorgeheizt)
Backzeit	etwa 25 Minuten.
	Für das Baiser
3 Eiweiß	steif schlagen, nach und nach
150 g Zucker	unterschlagen
	die Baisermasse auf den Rhabarber streichen oder die Baisermasse in einen Spritzbeutel geben und auf den Rhabarber spritzen, nochmals in den Backofen schieben, goldbraun werden lassen
Ober-/Unterhitze	200–220 °C (vorgeheizt)
Heißluft	180–200 °C (vorgeheizt)
Gas	Stufe 4–5 (vorgeheizt)
Backzeit	etwa 8 Minuten.

Rhabarberschnitten mit Crème-fraîche-Guß

(Foto Seite 78)

	Für den Teig
250 g Margarine oder Butter	mit Handrührgerät mit Rührbesen auf höchster Stufe geschmeidig rühren, nach und nach
250 g Zucker 1 Pck. Vanillin-Zucker ½ Fläschchen Butter-Vanille-Aroma	unterrühren, so lange rühren, bis eine gebundene Masse entstanden ist
4 Eier	nach und nach unterrühren (jedes Ei etwa ½ Minute)
250 g Weizenmehl	mit
2 gestr. TL Backpulver	mischen, sieben, in 2 Portionen auf mittlerer Stufe unterrühren den Teig auf ein gefettetes, mit
Weizenmehl	bestreutes Backblech (38 x 28 cm) geben, glattstreichen.
	Für den Belag
600 g Rhabarber (vorbereitet gewogen)	waschen (nicht abziehen), in etwa 2 cm große Stücke schneiden, auf dem Teig verteilen
Ober-/Unterhitze	etwa 180 °C (vorgeheizt)
Heißluft	etwa 160 °C (nicht vorgeheizt)
Gas	etwa Stufe 3 (nicht vorgeheizt)
Backzeit	etwa 30 Minuten.
	Für den Guß aus
2 Pck. Pudding-Pulver Feine Bourbon-Vanille	mit
80 g Zucker 700 ml Milch (statt 1 l)	nach der Anleitung auf dem Päckchen einen Pudding zubereiten, unter den noch warmen Pudding
3 Becher (je 150 g) Crème fraîche	rühren, nach etwa 30 Minuten Backzeit auf den Kuchen streichen, noch etwa 15 Minuten weiterbacken lassen.
Tip:	Anstatt mit Rhabarber können diese Schnitten auch mit derselben Menge Stachelbeeren gebacken werden.

Beerenkuchen vom Blech

250 g Butter oder Margarine	mit Handrührgerät mit Rührbesen auf höchster Stufe geschmeidig rühren, nach und nach
250 g Zucker	
1 Pck. Vanillin-Zucker	unterrühren, so lange rühren, bis eine gebundene Masse entstanden ist
3 Eier	nach und nach unterrühren (jedes Ei etwa 1/2 Minute)
250 g Weizenmehl	mit
1/2 Pck. Backpulver	mischen, sieben, eßlöffelweise auf mittlerer Stufe unterrühren, den Teig in eine gefettete Fettpfanne geben, glattstreichen, goldgelb vorbacken
Ober-/Unterhitze	180–200 °C (vorgeheizt)
Heißluft	etwa 160 °C (nicht vorgeheizt)
Gas	Stufe 3–4 (vorgeheizt)
Backzeit	etwa 15 Minuten.
	Für den Quark-Crème-fraîche-Guß
125 g Butter	geschmeidig rühren, nach und nach
100 g Zucker	
1 Pck. Vanillin-Zucker	
2 Eier	hinzufügen
1 Pck. Pudding-Pulver Vanille-Geschmack	
abgeriebene Schale von 1 Zitrone (unbehandelt)	
2 EL Zitronensaft	
250 g Speisequark	
250-300 g Crème fraîche	unterrühren, den Guß auf den vorgebackenen Boden streichen, je 2/3 von
je 200 g roten und weißen Johannisbeeren (vorbereitet gewogen)	darauf verteilen
Ober-/Unterhitze	180–200 °C (vorgeheizt)
Heißluft	etwa 160 °C (nicht vorgeheizt)
Gas	Stufe 3–4 (vorgeheizt)
Backzeit	20–25 Minuten den Kuchen abkühlen lassen.
	Für den Belag
200 g Himbeeren	verlesen (nicht waschen)
200 g Brombeeren	verlesen, waschen, gut abtropfen lassen, die Beeren mit den restlichen Johannisbeeren auf den Quark-Guß streuen
1 Pck. Tortenguß, klar	nach Packungsanleitung zubereiten, die Früchte damit überziehen, mit
Puderzucker	bestreuen.

Gedeckter Rhabarberkuchen

1½ kg Rhabarber	waschen, in 1–2 cm dicke Stücke schneiden (nicht abziehen), mit
300 g Zucker	bestreuen, einige Zeit zum Saftziehen stehenlassen, anschließend glasig dünsten lassen (Rhabarber darf nicht zerfallen) den Rhabarber zum Abtropfen auf ein Sieb geben, erkalten lassen
250 ml (¼ l) Rhabarbersaft	abmessen (evtl. mit Wasser ergänzen)
1 Pck. Dessert-Soße Vanille-Geschmack	mit 4 Eßlöffeln von dem Rhabarbersaft anrühren, den übrigen Saft zum Kochen bringen, mit dem angerührten Pulver binden, kurz aufkochen lassen, den gut abgetropften Rhabarber vorsichtig unterheben.
375 g Weizenmehl	mit
4 gestr. TL Backpulver	mischen, in eine Rührschüssel sieben
75 g Zucker	
1 Pck. Vanillin-Zucker	
1 Ei	
5 EL Milch	
150 g Margarine, in Stückchen	hinzufügen die Zutaten mit den Knethaken des Handrührgerätes gut durcharbeiten, anschließend auf der Arbeitsfläche zu einem glatten Teig verkneten knapp die Hälfte des Teiges dünn ausrollen, für die Decke eine Teigplatte etwas größer als das Backblech ausrädern oder -schneiden, auf Papier wickeln den Rest des Teiges so ausrollen, daß er etwa die Größe des Backbleches hat, diese Teigplatte auf die Teigrolle wickeln, auf dem gefetteten Backblech abrollen
5 Zwiebäcke	fein zerbröseln, auf den Teig streuen, die Füllung darauf verteilen, glattstreichen, dabei an der offenen Seite des Backblechs etwa 2 cm Teig frei lassen die Teigdecke auf die Füllung legen, an den Rändern mit einer Teigkarte andrücken.
	Zum Bestreichen
1 Eigelb	mit
1 EL Milch	verschlagen, die Teigdecke damit bestreichen, mehrmals mit einer Gabel einstechen
Ober-/Unterhitze	etwa 200 °C (vorgeheizt)
Heißluft	etwa 180 °C (nicht vorgeheizt)
Gas	etwa Stufe 4 (vorgeheizt)
Backzeit	20–30 Minuten.

Blech-Streuselkuchen mit Kirschen

	Für den Teig
250 g weiche Margarine	mit einem Handrührgerät mit Rührbesen auf höchster Stufe in etwa 1/2 Minute geschmeidig rühren, nach und nach
250 g Zucker	
1 Beutel geriebene Orangenfrucht	unterrühren, so lange rühren, bis eine gebundene Masse entstanden ist
4 Eier	nach und nach unterrühren (jedes Ei etwa 1/2 Minute)
300 g Weizenmehl	mit
100 g Speisestärke	
3 gestr. TL Backpulver	mischen, sieben, abwechselnd eßlöffelweise mit
4 EL Milch	auf mittlerer Stufe unterrühren den Teig auf ein gefettetes Backblech (38 x 28 cm) streichen, vor den Teig einen mehrfach umgeknickten Streifen Alufolie legen
1 kg Sauerkirschen	waschen, entsteinen
oder	
2 Gläser entsteinte Sauerkirschen	abtropfen lassen, die Kirschen auf dem Teig verteilen.
	Für die Streusel
100 g Mehl	
100 g Zucker	
75 g Zucker	mit dem Knethaken zu Streuseln von gewünschter Größe verarbeiten
100 g Marzipan-Rohmasse	in kleine Stücke teilen, zusammen mit den Streuseln auf die Kirschen geben, das Backblech in den vorgeheizten Backofen schieben
Ober-/Unterhitze	200–220 °C (vorgeheizt)
Heißluft	180–200 °C (nicht vorgeheizt)
Gas	Stufe 4–5 (vorgeheizt)
Backzeit	etwa 30 Minuten.
	Den erkalteten Kuchen mit
Puderzucker	bestäuben.

Blechkuchen mit Beerenvariation

	Für den Rührteig
180 g Butterschmalz oder Butter	mit Handrührgerät mit Rührbesen auf höchster Stufe geschmeidig rühren, nach und nach
140 g Zucker	
1 Pck. Vanillin-Zucker	
1 Prise Salz	unterrühren, so lange rühren, bis eine gebundene Masse entstanden ist
2 große Eier	nach und nach unterrühren (jedes Ei etwa 1/2 Minute)
180 g Weizenmehl	mit
4 gestr. TL Backpulver	mischen, sieben, auf mittlerer Stufe unterrühren, den Teig auf ein vorbereitetes Backblech (38 x 28 cm) streichen
Ober-/Unterhitze	etwa 180 °C (vorgeheizt)
Heißluft	etwa 160 °C (nicht vorgeheizt)
Gas	etwa Stufe 3 (vorgeheizt)
Backzeit	etwa 20 Minuten.
	Für den Belag
500 g vorbereitete Himbeeren	
500 g vorbereitete Brombeeren	
250 g vorbereitete Erdbeeren	abwechselnd in Längsstreifen auf den Kuchenboden legen, mit
60 g Zucker	bestreuen
2 Pck. Tortenguß, rot	mit
500 ml (1/2 l) Wasser	nach Angabe auf dem Päckchen zubereiten, über die Beeren verteilen
100 g gehobelte Haselnüsse	in
10 g Butterschmalz	anbräunen und über den Kuchen streuen.
Tip:	Sie können auch tiefgefrorenes Obst verwenden.

Früchte-Quark-Kuchen

200 g Butter oder Margarine	geschmeidig rühren, nach und nach
150 g Zucker	
3 Eier	unterrühren
300 g Weizenmehl	mit
2½ gestr. TL Backpulver	mischen, sieben, portionsweise unterrühren, den Teig in die gefettete Fettfangschale des Backofens geben, glattstreichen, in den vorgeheizten Backofen schieben
Ober-/Unterhitze	180–200 °C (vorgeheizt)
Heißluft	160–180 °C (nicht vorgeheizt)
Gas	Stufe 3–4 (vorgeheizt)
Backzeit	15–20 Minuten.
1–1¼ kg gedünstetes Obst, z.B. Stachelbeeren, Sauerkirschen, Aprikosenhälften	abtropfen lassen, den Saft auffangen
125 g Butter	geschmeidig rühren, nach und nach
175 g Zucker	
1 Pck. Vanillin-Zucker	
4 Eigelb	
1 kg Magerquark	
Saft und abgeriebene Schale von 1 Zitrone (unbehandelt)	
1 Becher (150 g) Crème fraîche	
4 EL Grieß	unterrühren
4 Eiweiß	steif schlagen, unterheben, die Masse auf den vorgebackenen Teig streichen, das Obst darauf verteilen, die Fettfangschale wieder in den Backofen schieben
Ober-/Unterhitze	180–200 °C (vorgeheizt)
Heißluft	160–180 °C (nicht vorgeheizt)
Gas	Stufe 3–4 (vorgeheizt)
Backzeit	45–50 Minuten. Den Kuchen erkalten lassen
2 Pck. Tortenguß	
Zucker nach Angabe auf dem Päckchen	
500 ml (½ l) Obstsaft	nach Packungsanleitung zubereiten, auf das Obst geben.

Donauwellen, Rezept Seite 34

Mohn-Quark-Kuchen, Rezept Seite 42

Eierschecke, Rezept Seite 44

Gefüllter Streuselkuchen, Rezept Seite 45

Genfer Kirschschnitten

	Für den Belag
500 g Sauerkirschen	waschen, entstielen, entsteinen, abtropfen lassen.
	Für den Teig
250 g Butter	in eine Rührschüssel geben
200 g Marzipan-Rohmasse	in Stückchen hinzufügen, beide Zutaten mit den Rührbesen des Handrührgerätes geschmeidig rühren
250 g Zucker **1 Pck. Vanillin-Zucker**	nach und nach unterrühren, so lange rühren, bis eine gebundene Masse entstanden ist
6 Eier	nach und nach unterrühren (jedes Ei etwa 1/2 Minute)
350 g Weizenmehl	mit
1 Pck. Backpulver	mischen, sieben, portionsweise auf mittlerer Stufe unterrühren die Hälfte des Teiges auf ein gefettetes Backblech (38 x 28 cm) streichen, die gut abgetropften Sauerkirschen darauf verteilen den restlichen Teig gleichmäßig darauf streichen
Ober-/Unterhitze	etwa 200 °C (vorgeheizt)
Heißluft	etwa 180 °C (nicht vorgeheizt)
Gas	etwa Stufe 4 (vorgeheizt)
Backzeit	etwa 30 Minuten.
	Zum Aprikotieren
2 EL Aprikosenkonfitüre (durch ein Sieb gestrichen)	unter Rühren erhitzen, den Kuchen sofort nach dem Backen damit bestreichen.
	Zum Glasieren
75 g gesiebten Puderzucker	mit
2 EL Zitronensaft	verrühren, das Gebäck nach dem Aprikotieren damit bestreichen, das Gebäck erkalten lassen.

Heidelbeerkuchen

	Für den Teig
375 g Weizenmehl	mit
1 Pck. Trockenhefe	sorgfältig vermischen
75 g Zucker	
Salz	
125 ml ($^1/_8$ l) lauwarme Milch	
1 Ei	
100 g zerlassene, abgekühlte Butter	hinzufügen, die Zutaten mit einem Handrührgerät mit Knethaken zunächst auf niedrigster, dann auf höchster Stufe in etwa 5 Minuten zu einem Teig verarbeiten, sollte er kleben, noch etwas Mehl hinzufügen, den Teig so lange an einem warmen Ort stehen lassen, bis er sich sichtbar vergrößert hat.
	Für den Belag
50 g Butter	in einer Pfanne zerlassen
50 g Zucker	
50 g abgezogene, gemahlene Mandeln	
50 g Semmelmehl	hinzufügen, unter Rühren hellbraun rösten, erkalten lassen
1–1$^1/_4$ kg Heidelbeeren	verlesen, evt. vorsichtig waschen, gut abtropfen lassen, den Teig nochmals kurz durchkneten, auf einem gefetteten Backblech (38 x 28 cm) ausrollen, mit der Mandel-Semmelmehl-Masse bestreuen, die Heidelbeeren darauf verteilen.
	Für die Streusel
250 g Weizenmehl	in eine Rührschüssel sieben
100 g Zucker	
$^1/_2$–1 TL gem. Zimt	
50 g abgezogene, gemahlene Mandeln	
200 g kalte Butter	hinzufügen, mit dem Handrührgerät mit Knethaken zu Streuseln von gewünschter Größe verarbeiten, gleichmäßig auf den Heidelbeeren verteilen den Teig nochmals so lange an einem warmen Ort gehen lassen, bis er sich sichtbar vergrößert hat, das Backblech in den vorgeheizten Backofen schieben

Ober-/Unterhitze etwa 200 °C (vorgeheizt)
Heißluft etwa 180 °C (nicht vorgeheizt)
Gas etwa Stufe 4 (vorgeheizt)
Backzeit 25–30 Minuten.
Den gebackenen Kuchen kurz vor dem Servieren mit
Puderzucker bestäuben.
Tip: Anstelle von Heidelbeeren Sauerkirschen, Äpfel oder Aprikosen verwenden.

Sächsischer Heidelbeerkuchen

Für den Teig
375 g Weizenmehl in eine Rührschüssel sieben, mit
1 Pck. Trockenhefe sorgfältig vermischen
50 g Zucker
1 Pck. Vanillin-Zucker
1 Ei
2 Eigelb
200 ml lauwarme Milch
50 g zerlassene, abgekühlte Butter oder Margarine hinzufügen, die Zutaten mit Handrührgerät mit Knethaken zunächst auf niedrigster, dann auf höchster Stufe in etwa 5 Minuten zu einem Teig verarbeiten, den Teig abgedeckt an einem warmen Ort so lange gehen lassen, bis er sich sichtbar vergrößert hat, den gegangenen Teig aus der Schüssel nehmen, auf der Arbeitsfläche nochmals gut durchkneten, auf einem gefetteten Backblech ausrollen, vor den Teig einen mehrfach geknickten Streifen Alufolie legen, den Teig nochmals 15 Minuten gehen lassen.

Für den Belag
1 kg Heidelbeeren waschen, gut abtropfen lassen
50 g Butter zerlassen, den Teig damit bestreichen, mit 3 von
5 EL Semmelbröseln bestreuen, die Heidelbeeren gleichmäßig darauf verteilen
100 g Zucker mit
1 TL gemahlenem Zimt vermischen, über die Heidelbeeren streuen
50 g Butterflöckchen darauf verteilen, die restlichen Semmelbrösel darüberstreuen
Ober-/Unterhitze etwa 220 °C (vorgeheizt)
Heißluft etwa 200 °C (nicht vorgeheizt)
Gas Stufe 4–5 (nicht vorgeheizt)
Backzeit etwa 25 Minuten.

Heidelbeer-Kuchen mit Streuseln

	Für den Teig
375 g g Weizenmehl	in eine Rührschüssel sieben, mit
1 Pck. Trockenhefe	sorgfältig vermischen
50 g Zucker	
1 Pck. Vanillin-Zucker	
1 Prise Salz	
200 ml lauwarme Milch	
75 g Schmalz	hinzufügen, die Zutaten mit einem Handrührgerät mit Knethaken zunächst auf niedrigster, dann auf höchster Stufe in etwa 5 Minuten zu einem Teig verarbeiten, sollte er kleben, noch etwas Mehl hinzufügen (aber nicht zu viel, der Teig muß weich bleiben), den Teig abgedeckt so lange an einem warmen Ort stehenlassen, bis er sich sichtbar vergrößert hat, den Teig auf der Arbeitsfläche nochmals kurz durchkneten, auf einem gefetteten Backblech (38 x 28 cm) ausrollen,vor den Teig einen mehrfach gefalzten Streifen Alufolie legen.
	Für den Belag
1½ kg Heidelbeeren	verlesen, evt. vorsichtig waschen, abtropfen lassen
4 Zwiebäcke	fein reiben, auf dem Teig verteilen, die Heidelbeeren daraufgeben.
	Für die Streusel
300 g Weizenmehl	in eine Schüssel sieben, mit
125 g Zucker	
2 TL gem. Zimt	vermischen
200 g kalte Butter	in Flöckchen dazugeben, die Zutaten mit dem Handrührgerät mit Knethaken zu Streuseln verkneten, gleichmäßig über die Heidelbeeren geben, nochmals so lange an einem warmen Ort gehenlassen, bis er etwa doppelt so hoch ist, das Backblech erst dann in den vorgeheizten Backofen schieben
Ober-/Unterhitze	etwa 200 °C (vorgeheizt)
Heißluft	etwa 180 °C (nicht vorgeheizt)
Gas	etwa Stufe 4 (vorgeheizt)
Backzeit	etwa 30 Minuten.
	Den erkalteten Kuchen dünn mit
gesiebtem Puderzucker	bestäuben.

Johannisbeer-Käsekuchen

(Foto Seite 79)

	Für den Streuselteig
250 g Weizenmehl	
1 gestr. TL Backpulver	
75 g Zucker	
1 Pck. Vanillin-Zucker	
150 g Butter oder Margarine	mit Handrührgerät mit Knethaken zu feinen Streuseln verarbeiten. Streusel in einer gefetteten Fettpfanne (38 x 28 cm) verteilen, leicht andrücken und goldgelb vorbacken
Ober-/Unterhitze	etwa 180 °C (vorgeheizt)
Heißluft	etwa 160 °C (nicht vorgeheizt)
Gas	etwa Stufe 3 (vorgeheizt)
Backzeit	etwa 15 Minuten.
500–700 g Johannisbeeren	waschen, gut abtropfen lassen, entstielen.
	Für die Käsemasse aus
1 Pck. Käsekuchen-Hilfe	
4 Eiweiß	
1 EL Zucker	
750 g Speisequark	
150 g Zucker	
4 Eigelb	
1 Pck. Feine Zitronenschale	
250 ml (1/4 l) Milch	nach Anleitung auf dem Päckchen eine Käsemasse zubereiten, die Hälfte davon auf den vorgebackenen Boden streichen, Johannisbeeren darauf verteilen, mit restlicher Käsemasse bestreichen, mit
50 g abgezogene, gehobelte Mandeln	bestreuen
Ober-/Unterhitze	etwa 170 °C (vorgeheizt)
Heißluft	etwa 150 °C (nicht vorgeheizt)
Gas	etwa Stufe 3 (vorgeheizt)
Backzeit	40–50 Minuten.

Johannisbeer-Quarkkuchen mit Baiser

(Foto Seite 80)

	Für den Teig
300 g Weizenmehl	mit
1 Pck. Backpulver	mischen, in eine Rührschüssel sieben
150 g Speisequark	
6 EL Milch	
6 EL Speiseöl	
75 g Zucker	
1 Pck. Vanillin-Zucker	
1 Prise Salz	hinzufügen, die Zutaten mit den Knethaken des Handrührgerätes auf höchster Stufe etwa 1 Minute verarbeiten, anschließend auf der Arbeitsfläche zu einer Rolle formen, den Teig auf einem gefetteten Backblech knapp 1/2 cm dick ausrollen, vor den Teig einen mehrfach umgeknickten Streifen Alufolie legen.
	Für den Belag
750 g Johannisbeertrauben	waschen, gut abtropfen lassen, entstielen
750 g Speisequark	mit
200 g Zucker	
1 Pck. Vanillin-Zucker	
3 Eiern	
2 Eigelb	
50 g zerlassener Butter	
50 g Speisestärke	verrühren, die Johannisbeeren unter die Quarkmasse heben, auf dem Teig verteilen, glattstreichen
Ober-/Unterhitze	etwa 180 °C (vorgeheizt)
Heißluft	etwa 160 °C (nicht vorgeheizt)
Gas	etwa Stufe 3 (vorgeheizt)
Backzeit	etwa 30 Minuten.
	Für die Baisermasse
2 Eiweiß	steif schlagen, es muß so fest sein, daß ein Messerschnitt sichtbar bleibt, nach und nach
100 g Zucker	eßlöffelweise unterschlagen, den Eierschnee auf die Quarkmasse streichen
20 g abgezogene, gehobelte Mandeln	darüberstreuen
Ober-/Unterhitze	200–220 °C (vorgeheizt)
Heißluft	180–200 °C (nicht vorgeheizt)
Gas	Stufe 4–5 (vorgeheizt)
Backzeit	etwa 5 Minuten.

Johannisbeer-Stachelbeer-Kuchen

	Für den Teig
375 ml (3/8 l) Schlagsahne	fast steif schlagen, nach und nach
250 g Zucker	
1 Pck. Vanillin-Zucker	
1 Prise Salz	
4 Eier	mit den Rührbesen des Handrührgerätes auf niedrigster Stufe unterrühren
375 g Weizenmehl	mit
4 gestr. TL Backpulver	mischen, sieben, eßlöffelweise auf mittlerer Stufe unterrühren den Teig in eine gefettete Fettpfanne geben, glattstreichen.
	Für den Belag
1 kg reife Stachelbeeren	von Stiel und Blüte befreien, waschen, gut abtropfen lassen, große Beeren halbieren, auf dem Teig verteilen
Ober-/Unterhitze	etwa 180 °C (vorgeheizt, untere Schiene)
Heißluft	etwa 160 °C (nicht vorgeheizt)
Gas	etwa Stufe 3 (vorgeheizt)
Backzeit	etwa 25 Minuten.
250 g rote Johannisbeertrauben	waschen, gut abtropfen lassen, entstielen
100 g Butter	mit
100 g Zucker	
125 ml (1/8 l) Schlagsahne	langsam erhitzen, einmal aufkochen lassen
100 g abgezogene, gehobelte Mandeln	unterrühren, Mandelmasse und Johannisbeeren auf dem vorgebackenen Kuchen verteilen
Ober-/Unterhitze	etwa 180 °C (vorgeheizt)
Heißluft	etwa 160 °C (nicht vorgeheizt)
Gas	etwa Stufe 3 (vorgeheizt)
Backzeit	weitere 20 Minuten.

Aprikosenkuchen mit Grießguß

	Für den Teig
300 g Weizen, fein gemahlen	mit
100 g Buchweizen, fein gemahlen	in eine Rührschüssel geben, mit
1 Pck. Trockenhefe	sorgfältig vermischen
75 g Honig 1 Prise Meersalz gut 200 ml lauwarme Milch 75 g zerlassene, abgekühlte Butter oder Margarine	hinzufügen, die Zutaten mit Handrührgerät mit Knethaken zunächst auf niedrigster, dann auf höchster Stufe in etwa 5 Minuten zu einem Teig verarbeiten, den Teig abgedeckt so lange an einem warmen Ort stehenlassen, bis er sich sichtbar vergrößert hat.
	Für den Grießguß
750 ml (3/4 l) Milch	mit
75 g Butter 150 g Honig 1 Prise Meersalz 3–4 Stück Schale von 1 Zitrone (unbehandelt)	zum Kochen bringen
75 g Vollkorngrieß	unter Rühren einstreuen, zum Kochen bringen, etwa 5 Minuten schwach kochen lassen, von der Kochstelle nehmen
4 Eigelb	mit
3 EL Milch	verschlagen, unter den Grießbrei rühren, den Brei erkalten lassen
1 1/2 kg reife Aprikosen	waschen, halbieren, entsteinen, den gegangenen Hefeteig aus der Schüssel nehmen, auf der Arbeitsfläche nochmals kurz durchkneten, auf einem gefetteten Backblech (38 x 28 cm) ausrollen, mit
3 EL Vollkornbrösel	bestreuen, die Aprikosenhälften darauf verteilen, den Teig nochmals an einem warmen Ort so lange gehen lassen, bis er sich sichtbar vergrößert hat
4 Eiweiß	steif schlagen, unter den Grießbrei heben, den Grießbrei gleichmäßig auf die Aprikosen streichen, das Backblech in den Backofen schieben
Ober-/Unterhitze	etwa 180 °C (vorgeheizt)
Heißluft	etwa 160 °C (nicht vorgeheizt)
Gas	etwa Stufe 3 (vorgeheizt)
Backzeit	40–45 Minuten.

Aprikosenschnitten

250 g Weizenmehl	mit
10 g Kakaopulver	
1 gestr. TL Backpulver	mischen, in eine Rührschüssel sieben
100 g Zucker	
1 Pck. Vanillin-Zucker	
3 Tropfen Rum-Aroma	
200 g Margarine	
oder Butter	hinzufügen, die Zutaten mit Handrührgerät mit Knethaken zunächst kurz auf niedrigster, dann auf höchster Stufe gut durcharbeiten, anschließend auf der Arbeitsfläche zu einem glatten Teig verkneten, ihn auf einem Backblech (38 x 28 cm) ausrollen, vorbacken
Ober-/Unterhitze	etwa 200 °C (vorgeheizt)
Heißluft	etwa 180 °C (nicht vorgeheizt)
Gas	etwa Stufe 4 (vorgeheizt)
Backzeit	etwa 12 Minuten.
480 g Aprikosenhälften	
(aus der Dose)	gut abtropfen lassen, von dem Saft 250 ml (1/4 l) abmessen
2 Eiweiß	steif schlagen, aus
2 Pck. Pudding-Pulver	
Vanille-Geschmack	
100 g Zucker	
1 Pck. Vanillin-Zucker	
2 Eigelb	
750 ml (3/4 l) Milch	nach Anleitung auf dem Päckchen (aber nur mit 750 ml Milch) einen Pudding kochen, sofort
2 Becher (je 150 g)	
Crème fraîche	und das steifgeschlagene Eiweiß unterrühren, die Masse auf die vorgebackene Platte streichen, einen mehrfach geknickten Streifen Alufolie davor legen, die Aprikosen in gleichmäßigen Abständen auf dem Pudding verteilen (mit der Wölbung nach oben)
Ober-/Unterhitze	etwa 180 °C (vorgeheizt)
Heißluft	etwa 160 °C (nicht vorgeheizt)
Gas	etwa Stufe 4 (vorgeheizt)
Backzeit	30–35 Minuten. Das Gebäck erkalten lassen
2 Pck. Tortenguß, klar	
50 g Zucker, 500 ml (1/2 l)	
Flüssigkeit (halb Apri-	
kosensaft, halb Wasser)	nach Anleitung auf dem Päckchen zubereiten, auf dem Belag verteilen, fest werden lassen, das Gebäck so schneiden, daß jeweils eine Aprikosenhälfte in der Mitte eines Stückes liegt.

Blumige Pfirsichschnitten

(Foto Seite 97)

	Für den Rührteig
250 g Butter oder Margarine	zerlassen, kalt stellen, in das wieder etwas fest gewordene Fett
200 g Zucker	
1 Pck. Vanillin-Zucker	
1 Prise Salz	geben, mit den Rührbesen des Handrührgerätes oder der Küchenmaschine geschmeidig rühren, nach und nach
4 Eier	unterrühren
100 g Weizenmehl	
100 g Speisestärke	
½ gestr. TL Backpulver	mischen, sieben, eßlöffelweise unterrühren
75 g Mandeln, gemahlen	unterheben, den Teig auf eine gefettetes Backblech streichen, in den Backofen schieben
Ober- und Unterhitze	180–200 °C (vorgeheizt)
Heißluft	160–180 °C (nicht vorgeheizt)
Gas	Stufe 3–4 (nicht vorgeheizt)
Backzeit	etwa 20 Minuten den Kuchen erkalten lassen.
	Für den Belag
etwa 700 g Pfirsichhälften (aus der Dose)	abtropfen lassen, einschneiden, als Blüten auf den erkalteten Kuchen verteilen
200 g Brombeeren (frisch oder TK)	in die Blüten verteilen
1 Pck. Tortenguß, klar	nach Vorschrift auf der Packung zubereiten, über die Früchte verteilen, den Kuchen mit
15 g Pistazienkernen	verzieren, den Kuchen in Schnitten teilen.

Pfirsichkuchen

200 g Butter oder Margarine	mit einem Handrührgerät mit Rührbesen auf höchster Stufe in etwa ½ Minute geschmeidig rühren, nach und nach
150 g Zucker	
1 Pck. Vanillin-Zucker	
Salz	
Schale von ½ Zitrone (unbehandelt)	

1 EL Rum	
½ TL gemahlenen	
Zimt oder Koriander	unterrühren, so lange rühren, bis eine gebundene Masse entstanden ist
1 Ei	etwa ½ Minute unterrühren
300 g Weizenmehl	mit
50 g Speisestärke	
3 gestr. TL Backpulver	mischen, sieben, portionsweise auf mittlerer Stufe unterrühren den Teig auf ein gefettetes Backblech (38 x 28 cm) streichen das Backblech in den Backofen schieben, hell vorbacken
Ober-/Unterhitze	etwa 200 °C (vorgeheizt)
Heißluft	etwa 180 °C (nicht vorgeheizt)
Gas	etwa Stufe 4 (vorgeheizt)
Backzeit	etwa 15 Minuten
etwa 1 kg gedünstete, abgezogene Pfirsichhälften	abtropfen lassen, den Kuchen in Abständen (Schnittfläche nach unten) damit belegen in die Zwischenräume
100 g verlesene Sultaninen	
50 g abgezogene, gehobelte Mandeln	streuen
2 Eier	mit
2–3 EL heißem Wasser	mit einem Handrührgerät mit Rührbesen auf höchster Stufe in 1 Minute schaumig rühren
100 g Zucker	mit
1 Pck. Vanillin-Zucker	
abgeriebener Schale von ½ Zitrone (unbehandelt)	mischen, in 1 Minute einstreuen, dann noch etwa 2 Minuten schlagen
40 g Weizenmehl	mit
40 g Speisestärke	
½ gestr. TL Backpulver	mischen, die Hälfte davon auf die Eicreme sieben, kurz auf niedrigster Stufe unterrühren den Rest des Mehl-Gemisches auf dieselbe Weise unterarbeiten die Pfirsich-Zwischenräume mit dem Teig ausfüllen, die Form auf dem Rost in den vorgeheizten Backofen schieben, bei gleicher Temperatur weitere etwa 15 Minuten backen. Nach Belieben
2–3 EL Aprikosen-Konfitüre	erhitzen, durch ein Sieb streichen, die Pfirsichhälften damit bestreichen.

Pfirsichschnitten

(Foto Seite 98)

	Für den Teig
150 g Butter oder Margarine	mit einem Handrührgerät mit Rührbesen auf höchster Stufe in etwa 1/2 Minute geschmeidig rühren, nach und nach
150 g Zucker 1 Pck. Vanillin-Zucker	unterrühren, so lange rühren, bis eine gebundene Masse entstanden ist
4 Eier	nach und nach unterrühren (jedes Ei etwa 1/2 Minute)
Salz 5 Tropfen Zitronen-Aroma	unterrühren
250 g Weizenmehl	mit
3 gestr. TL Backpulver	mischen, sieben, portionsweise auf mittlerer Stufe unterrühren den Teig auf ein gefettetes Backblech (38 x 28 cm) geben, glattstreichen, vor den Teig ein mehrfach umgeknicktes Stück Alufolie legen.
	Für den Belag
900 g Pfirsiche (aus der Dose)	abtropfen lassen, in Scheiben schneiden, auf den Teig legen
150 g Weizenmehl	in eine Schüssel sieben, mit
75 g Zucker 1 Pck. Vanillin-Zucker	mischen
100 g Butter	in Flöckchen dazugeben, alle Zutaten mit dem Handrührgerät mit Knethaken zu Streuseln verkneten, auf die Pfirsiche verteilen, das Backblech in den Backofen schieben
Ober-/Unterhitze	180–200 °C (vorgeheizt)
Heißluft	160–180 °C (nicht vorgeheizt)
Gas	Stufe 3–4 (vorgeheizt)
Backzeit	etwa 25 Minuten.
	Für den Guß
100 g Puderzucker	sieben, mit
2 EL Zitronensaft	glattrühren, so daß eine dickflüssige Masse entsteht sofort nach dem Backen den Guß mit einem Pinsel oder mit einem Teelöffel auf dem Gebäck verteilen das erkaltete Gebäck in Schnitten von beliebiger Größe schneiden.

Kirschkuchen mit Rahmguß

	Für den Teig
250 g Weizenmehl	in eine Rührschüssel sieben, mit
1 Pck. Trockenhefe	sorgfältig vermischen
25 g Zucker	
1 Pck. Vanillin-Zucker	
Salz	
1 Ei	
100 ml lauwarme Milch	
50 g zerlassene, abgekühlte Margarine oder Butter	hinzufügen
	die Zutaten mit Handrührgerät mit Knethaken zunächst auf niedrigster, dann auf höchster Stufe in etwa 3 Minuten zu einem Teig verarbeiten
	den Teig abgedeckt an einem warmen Ort so lange stehen lassen, bis er sich sichtbar vergrößert hat den gegangenen Teig aus der Schüssel nehmen, auf der Arbeitsfläche nochmals kurz durchkneten, auf einem gefetteten Backblech (38 x 28 cm) ausrollen, vor den Teig einen mehrfach umgeknickten Streifen Alufolie legen.
	Für den Belag
740 g Sauerkirschen (2 Gläser)	gut abtropfen lassen, auf dem Teig verteilen, nochmals so lange an einem warmen Ort gehen lassen, bis er sich sichtbar vergrößert hat
500 g (2 Becher) Crème fraiche	mit
3 Eiern	
25 g Zucker	
etwas abgeriebener Zitronenschale (unbehandelt)	verrühren, auf den Kirschen verteilen
Ober-/Unterhitze	etwa 180 °C (vorgeheizt)
Heißluft	etwa 160 °C (nicht vorgeheizt)
Gas	etwa Stufe 3 (vorgeheizt)
Backzeit	etwa 30 Minuten.
Tip:	Anstelle der Sauerkirschen können auch Stachelbeeren oder Aprikosen verwendet werden.

Mandel-Kirsch-Kuchen

(Foto Seite 99)

	Für den Biskuitteig
9 Eigelb	
250 g Zucker	
1 Pck. Vanillin-Zucker	
3 Tropfen Bittermandel-Aroma	
1 Messerspitze Zimt	
1 EL Kirschwasser	mit Handrührgerät (Rührbesen) schaumig schlagen
250 g nicht abgezogene, gemahlene Mandeln	
60 g Semmelbrösel	unterheben
9 Eiweiß	steif schlagen und unter den Teig ziehen, Teig in eine gefettete, mit Semmelbrösel ausgestreute Fettpfanne (38 x 28 cm) geben, glattstreichen
Sauerkirschen (aus dem Glas, Abtropfgewicht 740 g)	abtropfen lassen, auf dem Teig verteilen, die Fettpfanne in den Backofen schieben
Ober-/Unterhitze	160–170 ° C (vorgeheizt)
Heißluft	etwa 150 ° C (nicht vorgeheizt)
Gas	etwa Stufe 3 (vorgeheizt)
Backzeit	etwa 45 Minuten.
	Gebäck auskühlen lassen, vom Blech lösen, mit
Puderzucker	bestäuben.

Stachelbeerschnitten

(Foto Seite 100)

	Für den Teig
200 g Weizenmehl	mit
1 gestr. TL Backpulver	mischen, in eine Rührschüssel sieben
75 g Zucker	
1 Pck. Vanillin-Zucker	
1 Ei	
125 g Margarine oder Butter	in Stückchen hinzufügen, die Zutaten mit Handrührgerät mit Knethaken zunächst kurz auf niedrigster, dann auf höchster Stufe kurz durcharbeiten, anschließend auf der Arbeitsfläche mit den Händen zu einem glatten Teig verkneten, sollte er kleben, ihn eine Zeitlang kalt stellen

	den Teig in der Größe auf einem gefetteten Backblech (38 x 28 cm) ausrollen, mehrmals mit einer Gabel einstechen
Ober-/Unterhitze	200–220 °C (vorgeheizt)
Heißluft	180–200 °C (nicht vorgeheizt)
Gas	Stufe 3–4 (vorgeheizt)
Backzeit	etwa 15 Minuten
	das Gebäck sofort nach dem Backen lösen, der Länge nach halbieren, erkalten lassen.
	Für die Füllung
750 g Stachelbeeren	von Stiel und Blüte befreien, waschen, abtropfen lassen, mit
100–200 g Zucker	
2 EL Wasser	dünsten (vorsichtig umrühren, Beeren sollen nicht zerfallen), Beeren zum Abtropfen auf ein Sieb geben, den Saft auffangen, 250 ml (1/4 l) davon abmessen (evtl. mit Wasser ergänzen)
1 Pck. Tortenguß, klar	
1 EL Zucker	
250 ml Stachelbeersaft	nach Anleitung auf dem Päckchen zubereiten, die Stachelbeeren unterheben, erkalten lassen.
	Für den Krokant
1 Msp. Butter	zerlassen
1 EL Zucker	hinzufügen, unter Rühren schwach bräunen lassen
20 g abgezogene, gehackte Mandeln	hinzufügen, unter Rühren erhitzen, bis der Krokant genügend gebräunt ist, die Masse auf eine mit
Speiseöl	bestrichene Platte geben, erkalten lassen, in kleine Stücke zerstoßen.
	Für den Belag
500 ml Schlagsahne	mit
2 Pck. Sahnesteif	
50 g Zucker	
1 Pck. Vanillin-Zucker	steif schlagen
4 EL Zitronensaft	unterheben, einen Teil der Sahnecreme auf eine erkaltete Knetteigplatte streichen, mit der Stachelbeermasse belegen, mit der zweiten Platte bedecken, gut andrücken, die restliche Sahnecreme darauf streichen, mit dem Krokant bestreuen, das Gebäck vor dem Servieren in beliebig große Stücke schneiden.

Bunter Obstkuchen

	Für den Teig
250 g Weizenmehl	mit
1 gestr. TL Backpulver	mischen, in eine Rührschüssel sieben
75 g Zucker	
1 Pck. Vanillin-Zucker	
1 Ei	
125 g Margarine	
oder Butter	hinzufügen die Zutaten mit Handrührgerät mit Knethaken zunächst auf niedrigster, dann auf höchster Stufe gut durcharbeiten, anschließend auf der Arbeitsfläche zu einem glatten Teig verkneten, sollte er kleben, ihn eine Zeitlang kalt stellen den Teig auf einem gefetteten Backblech (38 x 28 cm) ausrollen.
	Für den Belag
370 g Sauerkirschen (aus dem Glas)	
240 g Aprikosenhälften (aus der Dose)	gut abtropfen lassen (jedes Obst für sich)
300 g abgezogene, gem. Mandeln	
150 g Zucker	
1 Pck. Vanillin-Zucker	
2 Eier	
2 Becher (je 125 g) Crème double	verrühren, auf dem Teig verteilen das Obst – jedes für sich – auf der Mandelmasse verteilen
Ober-/Unterhitze	etwa 180 °C (vorgeheizt)
Heißluft	etwa 160 °C (nicht vorgeheizt)
Gas	etwa Stufe 3 (vorgeheizt)
Backzeit	35–45 Minuten.
	Zum Aprikotieren
2 EL Aprikosen-Konfitüre	durch ein Sieb streichen, mit
1 EL Wasser	unter Rühren etwas einkochen lassen den noch warmen Kuchen damit bestreichen.

Rhabarberkuchen mit Baiser, Rezept Seite 50

Rhabarberkuchen mit Crème-fraîche-Guß, Rezept Seite 51

Johannisbeer-Käsekuchen, Rezept Seite 65

Johannisbeer-Quarkkuchen mit Baiser, Rezept Seite 66

Feiner Apfelkuchen

	Für den Teig
250 g Weizenmehl	mit
1 gestr. TL Backpulver	mischen, in eine Rührschüssel sieben
100 g Zucker	
1 Pck. Vanillin-Zucker	
Salz	
1 Msp. gem. Zimt	
3 Eigelb	
150 g weiche Margarine oder Butter	hinzufügen die Zutaten mit einem elektrischen Handrührgerät mit Knethaken zunächst kurz auf niedrigster, dann auf höchster Stufe gut durcharbeiten, anschließend auf der Arbeitsfläche zu einem glatten Teig verkneten, sollte er kleben, ihn eine Zeitlang kalt stellen, den Teig etwa 1/2 cm dick auf einem gefetteten Backblech (38 x 28 cm) ausrollen, in den vorgeheizten Backofen schieben
Ober-/Unterhitze	180–200 °C (vorgeheizt)
Heißluft	160–180 °C (nicht vorgeheizt)
Gas	Stufe 3–4 (vorgeheizt)
Backzeit	10–15 Minuten
	sofort nach dem Backen die Gebäckplatte mit einem langen Messer vom Backblech lösen.
	Für den Belag
2 1/2 kg Äpfel	schälen, vierteln, entkernen, in kleine Stücke schneiden, mit
100 g Zucker	
30 g Butter oder Margarine	
75 g abgezogenen, gehackten Mandeln	unter Rühren dünsten, etwas abkühlen lassen, evtl. noch mit
Zucker	abschmecken, gleichmäßig auf die Knetteigplatte streichen
einige Maraschinoscheiben	so in die Apfelmasse stecken, daß sie jeweils in der Mitte der später geschnittenen Stücke liegen.
	Für den Guß
1 Pck. Tortenguß, klar	
25 g Zucker	
250 ml (1/4 l) Flüssigkeit (halb Wasser, halb Weißwein)	nach Packungsanleitung zubereiten, schnell über die Apfelmasse verteilen nach dem Erkalten den Apfelkuchen in Stücke schneiden.

Feiner Nußstrudel

	Für den Strudelteig
250 g Weizenmehl	in eine Rührschüssel sieben
Salz **100 ml lauwarmes Wasser** **1 kleines Ei** **1 EL Speiseöl**	hinzufügen die Zutaten mit einem Handrührgerät mit Knethaken zunächst kurz auf niedrigster, dann auf höchster Stufe gut durcharbeiten, anschließend auf der Arbeitsfläche zu einem glatten Teig verkneten, ihn auf Pergamentpapier in einen heißen, trockenen Kochtopf (vorher Wasser darin kochen) legen, mit einem Deckel verschließen, etwa 30 Minuten ruhen lassen.
	Für die Füllung
400 g gem. Haselnußkerne	mit
250 g Honig **1 Eigelb, 2 Eiweiß** **6–8 EL Wasser** **1 gehäuften TL gem. Zimt** **100 g verlesenen Rosinen**	zu einer geschmeidigen Masse verrühren den Strudelteig auf einem bemehlten großen Tuch (Tischtuch) dünn ausrollen, ihn dann mit den Händen zu einem Rechteck von etwa 50 x 70 cm ausziehen (er muß durchsichtig sein), die Ränder, wenn sie dicker sind, abschneiden, $^2/_3$ des Strudelteiges mit der Füllung bestreichen (an den kürzeren Seiten etwa 3 cm Teig frei lassen), die freigebliebenen Teigränder auf die Füllung schlagen, den Teig mit Hilfe des Tuches, mit der Füllung beginnend, aufrollen, an den Enden gut zusammendrücken, den Strudel auf ein gefettetes Backblech legen
1 Eigelb	mit
1 EL Milch	verschlagen, den Strudel damit bestreichen, in den vorgeheizten Backofen schieben, etwa 5 Minuten vor Beendigung der Backzeit den Strudel mit
Puderzucker	bestäuben
Ober-/Unterhitze	200–220 °C (vorgeheizt)
Heißluft	180–200 °C (nicht vorgeheizt)
Gas	Stufe 4–5 (vorgeheizt)
Backzeit	etwa 35 Minuten.
Tip:	Warme Vanille-Sahne-Sauce oder halbfest geschlagene Sahne.

Pflaumenstrudel

	Für den Teig
250 g Weizenmehl	in eine Rührschüssel sieben, in die Mitte eine Vertiefung eindrücken
Salz	
100 ml (1/10 l)	
lauwarmes Wasser	
1 kleines Ei	
1 EL Speiseöl	hineingeben, mit einem Teil des Mehls zu einem dicken Brei verarbeiten, mit Mehl bedecken, von der Mitte aus alle Zutaten mit dem Handrührgerät mit Knethaken schnell zu einem glatten Teig verkneten, ihn auf Pergamentpapier in einen heißen, trockenen Kochtopf (vorher Wasser darin kochen), legen, mit einem Deckel verschließen, etwa 30 Minuten ruhen lassen.
	Für die Füllung
1 1/2 kg Pflaumen	waschen, trockenreiben, halbieren, entsteinen
125 g Butter	zerlassen
125 g Semmelmehl	darin goldbraun rösten lassen
50–75 g Zucker	mit
1 TL gem. Zimt	mischen den Strudelteig auf einem bemehlten großen Tuch (Tischtuch) dünn ausrollen, ihn dann mit den Händen zu einem Rechteck von 50 x 70 cm ausziehen (er muß durchsichtig sein), die Ränder, wenn sie dicker sind, abschneiden, das geröstete Semmelmehl auf 2/3 des Teiges verteilen (an den kürzeren Seiten etwa 3 cm Teig frei lassen), darauf die Pflaumen geben, mit dem Zimt-Zucker bestreuen den unbelegten Teig mit der Hälfte von
50 g zerlassener Butter	bestreichen, den Teig mit Hilfe des Tuches, mit der Füllung beginnend, aufrollen, an den Enden gut zusammendrücken, den Strudel auf ein mit Butter oder Margarine gefettetes Backblech legen, mit der restlichen Butter bestreichen, in den vorgeheizten Backofen schieben
Ober-/Unterhitze	etwa 200 °C (vorgeheizt)
Heißluft	etwa 180 °C (nicht vorgeheizt)
Gas	etwa Stufe 4 (vorgeheizt)
Backzeit	etwa 40 Minuten den Strudel warm mit
Puderzucker	bestäuben, mit
gesüßter, flüssiger Sahne	servieren.

Pflaumen- oder Zwetschenkuchen mit Quarkfüllung

	Für den Teig
150 g Weizenmehl	mit
1/2 gestr. TL Backpulver	mischen, auf die Arbeitsfläche sieben, in die Mitte eine Vertiefung eindrücken
65 g Zucker	
1 Pck. Vanillin-Zucker	
1 Ei	hineingeben, mit einem Teil des Mehls zu einem dicken Brei verarbeiten
65 g kalte Butter	in Stücke schneiden, auf den Brei geben, mit Mehl bedecken, von der Mitte aus alle Zutaten schnell zu einem glatten Teig verkneten, sollte er kleben, ihn eine Zeitlang kalt stellen den Teig auf der Hälfte eines gefetteten Backblechs ausrollen, mehrmals mit einer Gabel einstechen, in den vorgeheizten Backofen schaieben
Ober-/Unterhitze	etwa 200 °C (vorgeheizt)
Heißluft	etwa 180 °C (nicht vorgeheizt)
Gas	etwa Stufe 4 (vorgeheizt)
Backzeit	etwa 15 Minuten.
	Für die Füllung
50 g Butter	geschmeidig rühren, nach und nach
50 g Zucker	
1 Pck. Vanillin-Zucker	
2 Tr. Zitronen-Aroma	
1 Ei	
250 g Speisequark	unterrühren
10 g Speisestärke	mit
2 EL kalter Milch	anrühren, unter die Quarkmasse rühren, gleichmäßig auf den vorgebackenen Boden streichen
750 g Pflaumen	
(Zwetschen)	waschen, gut abtropfen lassen, einzeln mit einem Tuch abreiben, entsteinen, die Hälften oben etwas einschneiden, mit der Innenseite nach oben, auf die Quarkcreme legen, in den Backofen schieben
Ober-/Unterhitze	etwa 200 °C (vorgeheizt)
Heißluft	etwa 180 °C (nicht vorgeheizt)
Gas	etwa Stufe 4 (vorgeheizt)
Backzeit	etwa 30 Minuten den Kuchen sofort nach dem Backen mit
25 g zerlassener Butter	bestreichen, erkalten lassen
25 g Zucker	mit
etwas gem. Zimt	mischen, darüber streuen, nach Belieben

einige abgezogene, gehobelte, gebräunte Mandeln	gleichmäßig darauf verteilen.

Pflaumen-Streusel-Kuchen

(Foto Seite 117)

	Für den Teig
375 g Weizenmehl	in eine Rührschüssel sieben, mit
1 Pck. Trockenhefe	sorgfältig vermischen
50 g Zucker 1 Pck. Vanillin-Zucker 1 Fläschchen Zitronen-Aroma 1 Prise Salz 200 ml lauwarme Milch 75 g zerlassene, abgekühlte Butter	hinzufügen, mit Handrührgerät mit Knethaken zunächst auf niedrigster, dann auf höchster Stufe in etwa 5 Minuten zu einem Teig verarbeiten, Teig abgedeckt so lange an einem warmen Ort stehen lassen, bis er sich sichtbar vergrößert hat
etwa 2 kg Pflaumen	waschen, abtropfen lassen, trockentupfen, halbieren, entsteinen.
	Für die Streusel
250 g weiche Butter	mit Handrührgerät mit Rührbesen geschmeidig rühren
200 g Zucker 1 Pck. Vanillin-Zucker	nach und nach unterrühren, lange rühren, bis eine gebundene Masse entstanden ist
375 g Weizenmehl 1 Msp. Backpulver	mischen, sieben, einen Teil davon unterrühren, den Rest mit Knethaken so unterarbeiten, daß Streusel von gewünschter Größe entstehen den gegangenen Teig aus der Schüssel nehmen, auf der leicht mit Mehl bestäubten Arbeitsfläche nochmals kurz durchkneten, auf einem gefetteten Backblech (38 x 28 cm) ausrollen, vor den Teig einen mehrfach geknickten Streifen Alufolie legen, die Pflaumen – mit der Innenseite nach oben – auf den Teig legen, mit Streuseln bestreuen, nochmals gehen lassen, das Backblech in den Backofen schieben
Ober-/Unterhitze	200–220 °C (vorgeheizt)
Heißluft	etwa 170 °C (nicht vorgeheizt)
Gas	Stufe 4–5 (vorgeheizt)
Backzeit	etwa 30 Minuten.

Pflaumen-Mohn-Kuchen mit Quarkbelag

	Für den Teig
375 g Weizenmehl	in eine Rührschüssel sieben, mit
1 Pck. Trockenhefe	sorgfältig vermischen
50 g Zucker	
1 Pck. Vanillin-Zucker	
Salz	
1 Ei	
50 g zerlassene, lauwarme Butter oder Margarine	
200 ml lauwarme Milch	hinzufügen die Zutaten mit den Knethaken des Handrührgerätes zunächst auf niedrigster, dann auf höchster Stufe in etwa 5 Minuten zu einem Teig verarbeiten den Teig abgedeckt an einem warmen Ort so lange stehen lassen, bis er sich sichtbar vergrößert hat.
	Für den Belag
750 g Pflaumen	waschen, gut abtropfen lassen, trockentupfen, halbieren, entsteinen
250 g Magerquark	mit
2 Eigelb	
abgeriebener Schale von 1 Zitrone	
75 g Zucker	
1 Pck. Vanillin-Zucker	
25 g Speisestärke	verrühren
2 Eiweiß	steif schlagen, unterheben
1 Pck. Mohn-back	mit
1 Ei	
125 g Magerquark	verrühren den gegangenen Teig aus der Schüssel nehmen, auf der Arbeitsfläche nochmals kurz durchkneten, auf einem gefetteten Backblech (38 x 28 cm) ausrollen den Belag abwechselnd in Streifen diagonal (1 Streifen Pflaume-, Mohn-, Quarkmasse) darauf verteilen, nach Belieben mit
gestiftelten Mandeln	bestreuen den Teig nochmals so lange an einem warmen Ort gehen lassen, bis er sich sichtbar vergrößert hat
Ober-/Unterhitze	etwa 200 °C (vorgeheizt)
Heißluft	etwa 180 °C (nicht vorgeheizt)
Gas	etwa Stufe 4 (vorgeheizt)
Backzeit	etwa 35 Minuten.

Zwetschenkuchen

1–1,2 kg Zwetschen	waschen, abtrocknen, entsteinen.
	Für den Rührteig
100 g weiche Butter	mit
100 g Marzipan-Rohmasse	mit Handrührgerät mit Rührbesen auf höchster Stufe in etwa 1/2 Minute geschmeidig rühren, nach und nach
80 g Zucker	
1 Prise Salz	
2 TL abgeriebene Schale von 1 Zitrone (unbehandelt)	unterrühren, so lange rühren, bis eine gebundene Masse entstanden ist
3 Eier	nach und nach unterrühren (jedes Ei etwa 1/2 Minute)
200 g Weizenmehl	mit
2 gestr. TL Backpulver	mischen, sieben, portionsweise auf mittlerer Stufe unterrühren, zuletzt
2 EL saure Sahne	unterrühren.
	Für den Belag
50 g abgezogene, gehobelte Mandeln	in einer Pfanne ohne Fett unter Rühren goldbraun rösten, mit den Händen leicht zerbröseln, eine gefettete Springform (Ø etwa 28 cm) damit ausstreuen, den Teig in die Form füllen, glattstreichen, die Zwetschen sehr dicht dachziegelartig darauflegen
60 g Butter	mit
60 g Zucker	
2 EL Honig	
1 Msp. gem. Zimt	in einem Topf unter Rühren zum Kochen bringen
150 g unabgezogene Mandeln	in Scheiben schneiden, mit
3 TL Weizenmehl	unter die Buttermasse rühren, noch einmal kurz aufkochen lassen, die heiße Mandelmasse auf den Zwetschen verteilen
	die Form auf dem Rost in den Backofen schieben
Ober-/Unterhitze	etwa 180 °C (vorgeheizt)
Heißluft	etwa 160 °C (nicht vorgeheizt)
Gas	etwa Stufe 3 (vorgeheizt)
Backzeit	40–45 Minuten
	den gebackenen Kuchen in der Form erkalten lassen, mit einem scharfen Messer vom Springformrand lösen, auf eine Tortenplatte schieben.
Beigabe:	Leicht gesüßte, mit Sliwowitz gewürzte Schlagsahne, nach Belieben mit gesiebtem Kakao bestäubt.

Sächsischer Zwetschenkuchen

	Für den Teig
375 g g Weizenmehl	in eine Rührschüssel sieben, mit
1 Pck. Trockenhefe	sorgfältig vermischen
50 g Zucker	
1 Päckchen Vanillin-Zucker	
1 Prise Salz	
200 ml lauwarme Milch	
75 g zerlassene, abgekühlte Butter oder Margarine	hinzufügen, die Zutaten mit Handrührgerät mit Knethaken zunächst auf niedrigster, dann auf höchster Stufe in etwa 5 Minuten zu einem Teig verarbeiten, sollte er kleben den Teig abgedeckt so lange an einem warmen Ort stehen lassen, bis er sich sichtbar vergrößert hat, den Teig auf der Arbeitsfläche nochmals kurz durchkneten, auf einer gefetteten Fettfandschale (38 x 28 cm) ausrollen.
	Für den Belag
1–2 kg Zwetschen	waschen, abtrocknen, entsteinen, die gewölbte Oberfläche leicht einschneiden, die Zwetschenhälften schuppenförmig auf den Teigboden legen den Teig nochmals an einem warmen Ort so lange stehen lassen, bis er etwa doppelt so hoch ist, das Backblech in den Backofen schieben
Ober-/Unterhitze	etwa 180 °C (vorgeheizt)
Heißluft	etwa 160 °C (nicht vorgeheizt)
Gas	etwa Stufe 3 (vorgeheizt)
Backzeit	etwa 45 Minuten.
	Für die Crème-fraîche-Masse
2 Becher Crème fraîche	
4 Eier	
80 g Zucker	
abgeriebene Schale von 1 Zitrone (unbehandelt)	verrühren, nach etwa 15 Minuten Backzeit auf den Zwetschen verteilen.

	Für die Streusel
300 g Weizenmehl	in eine Rührschüssel sieben, mit
120 g Zucker	
1 Pck. Vanillin-Zucker	mischen
150–200 g weiche Butter	hinzufügen, alle Zutaten mit Handrührgerät mit Knethaken zu Streuseln von gewünschter Größe verarbeiten, gleichmäßig auf dem Teig verteilen, nach weiteren 15 Minuten Backzeit auf der Crème-fraîche-Masse verteilen.

Zwetschgendatschi

(Foto Seite 118)

	Für den Teig
250 g Weizenmehl	mit
1 gestr. TL Backpulver	mischen, in eine Rührschüssel sieben, in die Mitte eine Vertiefung eindrücken
65 g Zucker	
1 Pck. Vanillin-Zucker	
1 Ei	hineingeben, mit einem Teil des Mehls zu einem dicken Brei verarbeiten
125 g weiche Butter	von der Mitte aus alle Zutaten schnell zu einem glatten Teig verkneten, sollte er kleben, ihn eine Zeitlang kalt stellen
	den Teig auf einem gefetteten Backblech zu einem Viereck von 38 x 28 cm ausrollen, mit
2 EL Semmelbröseln	bestreuen.
	Für den Belag
2 kg Zwetschen	waschen, gut abtropfen lassen, einzeln mit einem Tuch abreiben, entsteinen, die Hälften oben etwas einschneiden, mit der Innenseite nach oben schuppenförmig auf den Teig legen
30 g Zucker	mit
1 Msp. gem. Zimt	mischen, darüberstreuen
50 g Butter	in Flöckchen darauf setzen, mit
25 g abgezogenen, gehobelten Mandeln	bestreuen
Ober-/Unterhitze	etwa 200 °C (vorgeheizt)
Heißluft	etwa 180 °C (nicht vorgeheizt)
Gas	etwa Stufe 4 (vorgeheizt)
Backzeit	etwa 30 Minuten.

Gestürzter Pflaumenkuchen

100 g Zucker	mit
100 g geriebenen Haselnußkernen	vermischen, auf ein mit gefetteter Alufolie – blanke Seite nach oben – ausgelegtes Backblech streuen, in den Backofen schieben
Ober-/Unterhitze	etwa 220 °C (vorgeheizt)
Heißluft	etwa 200 °C (vorgeheizt)
Gas	Stufe 4–5 (vorgeheizt)
Backzeit	etwa 10 Minuten
750 g Pflaumen	waschen, halbieren, entsteinen, jede Hälfte einkerben, flachdrücken, mit der Innenfläche auf die Nüsse legen
300 g tiefgekühlten Blätterteig	nach Packungsvorschrift auftauen lassen, auf Blechgröße ausrollen, auf die Pflaumen legen
	Blech auf der mittleren Schiene in den Backofen schieben
Ober-/Unterhitze	etwa 220 °C (vorgeheizt)
Heißluft	etwa 200 °C (vorgeheizt)
Gas	Stufe 4–5 (vorgeheizt)
Backzeit	etwa 40 Minuten
	vor dem Servieren – möglichst noch heiß – auf ein zweites Blech stürzen, in Stücke schneiden.

Obstkuchen mit Walnußkernen

	Für den Teig
150 g Studentenfutter	in
2 EL Rum	1–2 Stunden einweichen die Platten aus
1 Paket (300 g) TK Blätterteig	nebeneinander auf ein Küchentuch legen, auftauen lassen
250 g blaue Weintrauben	
250 g grüne Weintrauben	waschen, abtropfen lassen, halbieren, entkernen
500 g Äpfel	
500 g Birnen	beide Zutaten schälen, vierteln entkernen
	die Fruchtstücke quer in nicht zu dünne Scheiben schneiden, das vorbereitete Obst mit dem Studentenfutter und

Schale und 2 EL Saft von 1 großen Zitrone (unbehandelt)	vermengen
250 g weiche Butter	mit einem Handrührgerät mit Rührbesen auf höchster Stufe in etwa 1/2 Minute geschmeidig rühren, nach und nach
250 g gesiebten Puderzucker	
Salz	unterrühren, so lange rühren, bis eine gebundene Masse entstanden ist
6 Eier	nach und nach unterrühren (jedes Ei etwa 1/2 Minute)
600 g Weizenmehl	mit
1 Pck. Backpulver	mischen, sieben, eßlöffelweise auf mittlerer Stufe unterrühren, zuletzt das Obst,
150 g grobgehackte Walnußkerne	unterrühren, den Teig in die gefettete, mit Mehl bestäubte Fettfangschale des Backofens geben, glattstreichen die Blätterteig-Platten übereinanderlegen, in der Größe der Fettfangschale ausrollen, auf einen Teigroller wickeln und als Deckel über dem Teig abrollen, die Ränder etwas andrücken
1 Eigelb	mit
etwas Wasser	verschlagen
	die Blätterteigdecke damit bestreichen, die Teigdecke mehrmals mit einer Gabel einstechen, das Backblech in den Backofen schieben
Ober-/Unterhitze	etwa 200 °C (vorgeheizt)
Heißluft	etwa 180 °C (nicht vorgeheizt)
Gas	etwa Stufe 4 (vorgeheizt)
Backzeit	etwa 35 Minuten.
	Für den Guß
150 g gesiebten Puderzucker	mit
3 EL Zitronensaft	
etwas Eiweiß	verrühren, den gebackenen, noch heißen Kuchen damit bestreichen, etwas abgekühlt in Stücke schneiden, lauwarm mit
geschlagener Sahne	servieren.

Quark-Apfelkuchen mit Streuseln

(Vollwert-Gebäck)

	Für den Teig
300 g Weizen	fein mahlen, mit
1 Pck. Backpulver	in eine Rührschüssel geben, mischen
150 g Magerquark	
5 EL Milch	
6 EL Speiseöl	
75 g Honig, Meersalz	hinzufügen die Zutaten mit einem Handrührgerät mit Knethaken auf höchster Stufe etwa 1 Minute verarbeiten, anschließend auf der Arbeitsfläche zu einer Rolle formen, den Teig auf einem gefetteten Backblech (38 x 28 cm) ausrollen, vor den Teig einen mehrfach umgeknickten Streifen Alufolie legen.
	Für den Belag
etwa 1½ kg Äpfel (z.B. Boskop oder Gravensteiner)	schälen, vierteln, entkernen, in Spalten schneiden, schuppenförmig auf den Teig legen
150 g weiche Butter	mit einem Handrührgerät mit Rührbesen geschmeidig rühren, nach und nach
200 g Honig	
Saft und abgeriebene, gelbe Schale von 1 Zitrone (unbehandelt)	
4 Eigelb	
850 g Magerquark	
3 EL Vollweizengrieß	unterrühren
5 Eiweiß	steif schlagen, unter die Quarkmasse ziehen die Masse auf die Äpfel streichen.
	Für die Streusel
250 g Weizen	fein mahlen, mit
100 g gem. Haselnuß-kernen, 2 EL Sesamsaat	
150 g Honig, gem. Zimt	
1 Eigelb	
150–200 g weicher Butter	mit einem Handrührgerät mit Knethaken zu Streuseln von gewünschter Größe verarbeiten, gleichmäßig auf der Quarkmasse verteilen das Backblech in den Backofen schieben
Ober-/Unterhitze	etwa 180 °C (vorgeheizt)
Heißluft	etwa 160 °C (nicht vorgeheizt)
Gas	etwa Stufe 3 (vorgeheizt)
Backzeit	etwa 1 Stunde.

Obstkuchen mit Makronenhaube

	Für den Teig
300 g Weizenmehl	mit
2 Msp. Backpulver	mischen, in eine Rührschüssel sieben
300 g Zucker	
4 Eier	
4 Eigelb	
200 g weiche Butter oder Margarine	hinzufügen, alle Zutaten mit einem Handrührgerät mit Rührbesen zuerst auf der niedrigsten, dann auf der höchsten Stufe in etwa 3 Minuten zu einem glatten Teig verrühren ein Backblech mit Butter oder Margarine fetten, den Teig darauf geben, glattstreichen.
	Für den Belag
1 kg rohes Obst (z.B. Rhabarber, Sauerkirschen, Erdbeeren, Heidelbeeren)	waschen, gut abtropfen lassen oder trockentupfen, entstielen oder verlesen, auf dem Teig verteilen das Backblech in den Backofen setzen, den Kuchen vorbacken (Angaben s. unten).
	Für die Makronenhaube
4 Eiweiß	mit dem Handrührgerät (vorher abwaschen) steif schlagen, es muß so fest sein, daß ein Messerschnitt sichtbar bleibt, darunter nach und nach eßlöffelweise
200 g Zucker	schlagen
140 g Nußkerne (z.B. Walnüsse, Haselnüsse)	
40 g abgezogene Mandeln	sehr fein hacken, vorsichtig unterheben die Masse gleichmäßig auf den vorgebackenen Kuchen streichen oder mit einem Spritzbeutel (Lochtülle) Gittermuster auf den Kuchen spritzen das Backblech in den Backofen setzen
Ober-/Unterhitze	etwa 180 °C (vorgeheizt)
Heißluft	etwa 160 °C (nicht vorgeheizt)
Gas	etwa Stufe 3 (vorgeheizt)
Backzeit	Vorbacken etwa 30 Minuten, weiterbacken 10–15 Minuten.

Großmutters Apfelkuchen

(Foto Seite 119)

	Für den Rührteig
250 g weiche Butter	mit Handrührgerät mit Rührbesen geschmeidig rühren, nach und nach
200 g Zucker	
1 Pck. Vanillin-Zucker	
1/2 Fläschchen Butter-Vanille-Aroma	
1/2 TL Zimt	
1 Prise Salz	unterrühren, so lange rühren, bis eine gebundene Masse entstanden ist
5 Eier	nach und nach unterrühren (jedes Ei etwa 1/2 Minute).
350 g Weizenmehl	
2 gestr. TL Backpulver	mischen, sieben, eßlöffelweise auf mittlerer Stufe unterrühren
1 1/4 kg Äpfel (z.B. Boskop)	schälen, vierteln, entkernen, achteln, quer in dünne Scheiben schneiden, unter den Teig heben, Teig auf ein gefettetes, bemehltes Backblech geben, glattstreichen, das Backblech in den Backofen schieben
Ober-/Unterhitze	170–200 °C (vorgeheizt)
Heißluft	150–180 °C (nicht vorgeheizt)
Gas	Stufe 3–4 (vorgeheizt)
Backzeit	30–35 Minuten.
	Für den Guß
200 g Puderzucker	sieben, mit
3 EL Zitronensaft	
etwas Wasser	glattrühren, so daß eine dickflüssige Masse entsteht, sofort nach dem Backen den Guß mit einem Teelöffel auf dem Gebäck verteilen (besprenkeln).

Freiburger Apfelkuchen

	Für den Teig
375 g Weizenmehl	mit
3 g (1 gestr. TL) Backpulver	mischen, auf die Arbeitsfläche sieben, in die Mitte eine Vertiefung eindrücken
75 g Zucker	
1 Pck. Vanillin-Zucker	

1 Ei	hineingeben, mit einem Teil des Mehls zu einem dicken Brei verarbeiten
250 g kalte Butter	in Stücke schneiden, auf den Brei geben, mit Mehl bedecken, von der Mitte aus alle Zutaten schnell zu einem glatten Teig verkneten, sollte er kleben, ihn eine Zeitlang kalt stellen den Teig auf einem gefetteten Backblech (38 x 28 cm) ausrollen, mehrmals mit einer Gabel einstechen, in den vorgeheizten Backofen schieben
Ober-/Unterhitze	200–220 °C (vorgeheizt)
Heißluft	180–200 °C (nicht vorgeheizt)
Gas	Stufe 4–5 (vorgeheizt)
Backzeit	12–15 Minuten.
	Für den Belag
2 kg säuerliche Äpfel	schälen, vierteln, entkernen, in kleine Stücke schneiden, mit
75 g Zucker	
75 g Rosinen	
1 gestr. TL gem. Zimt	unter Rühren leicht dünsten, abkühlen lassen
75 g in Scheiben geschnittene Haselnußkerne	unterrühren, evtl. mit
Zucker	abschmecken die Äpfel auf der vorgebackenen Platte verteilen.
	Für den Guß
4 Eigelb	mit
125 g Zucker	
1 Pck. Vanillin-Zucker	schaumig schlagen
4 geriebene Zwiebäcke	
250 ml (1/4 l) saure Sahne	unterrühren
4 Eiweiß	steif schlagen, unterheben den Guß über die Äpfel geben
25 g in Scheiben geschnittene Haselnußkerne	darüber streuen, in den vorgeheizten Backofen schieben
Ober-/Unterhitze	180–200 °C (vorgeheizt)
Heißluft	160–180 °C (nicht vorgheizt)
Gas	Stufe 3–4 (vorgeheizt)
Backzeit	25–30 Minuten.

Thüringer Apfelkuchen

375 g g Weizenmehl	in eine Rührschüssel sieben, mit
1 Pck. Trockenhefe	sorgfältig vermischen
50 g Zucker 1 Pck. Vanillin-Zucker 1 Prise Salz 1 Msp. gem. Piment 200 ml lauwarme Milch 75 g zerlassene, abgekühlte Butter	hinzufügen, die Zutaten mit Handrührgerät mit Knethaken zunächst auf niedrigster, dann auf höchster Stufe in etwa 5 Minuten zu einem Teig verarbeiten, den Teig abgedeckt so lange an einem warmen Ort stehen lassen, bis er sich sichtbar vergrößert hat, den Teig auf der Arbeitsfläche nochmals kurz durchkneten, auf einer gefetteten Fettfangschale (38 x 28 cm) ausrollen.
	Für den Belag
1 Pck. Puddingpulver Vanille-Geschmack 50 g Zucker	und 4 Eßlöffel von
500 ml ($^1/_2$ l) Milch	verrühren, die übrige Milch zum Kochen bringen, das Puddingpulver in die von der Kochstelle genommene Milch rühren und nochmals kurz aufkochen lassen, unter öfterem Umrühren erkalten lassen
3 Becher (je 150 g) Crème fraîche, 2 Eier 1 Pck. Vanillin-Zucker abgeriebene Schale von 1 Zitrone (unbehandelt)	unterrühren, die Puddingcreme auf den Teig streichen
etwa 1$^1/_4$ kg mürbe Äpfel	Äpfel schälen und das Kerngehäuse mit einem Apfelausstecher ausstechen, die Äpfel in etwa 1 cm dicke Ringe schneiden, schuppenförmig so auf die Creme legen, daß die Apfelringlöcher frei bleiben, die Apfelringlöcher mit
2–3 EL Preiselbeeren (aus dem Glas)	füllen, die Fettfangschale in den Backofen schieben.
Ober-/Unterhitze	etwa 200 °C (vorgeheizt)
Heißluft	etwa 180 °C (nicht vorgeheizt)
Gas	etwa Stufe 4 (vorgeheizt)
Backzeit	etwa 25–30 Minuten.
2 Pck. Tortenguß, klar 250 ml ($^1/_4$ l) Apfelsaft 250 ml ($^1/_4$ l) Weißwein 4 EL Zucker	nach der Vorschrift auf dem Päckchen einen Guß zubereiten, auf dem erkalteten Kuchen verteilen.

Blumige Pfirsichschnitten, Rezept Seite 70

Pfirsichschnitten, Rezept S.72

Mandel-Kirsch-Kuchen, Rezept Seite 74

Stachelbeerschnitten, Rezept Seite 74

Backobststrudel

	Für den Strudelteig
250 g Weizenmehl	in eine Schüssel sieben, in die Mitte eine Vertiefung drücken
1 Eigelb	
1 Prise Salz	
125 ml (1/8 l) Wasser	
3 EL Pflanzenöl	hineingeben, mit Handrührgerät mit Knethaken von der Mitte aus alles miteinander verkneten, mit den Händen und wenig Mehl zu einem glatten Kloß formen, ihn auf Pergamentpapier in einen heißen, trockenen Kochtopf (vorher Wasser darin kochen) legen, mit einem Deckel verschließen, 30 Minuten ruhen lassen.
	Für die Füllung
250 g gemischtes Backobst	in Würfel schneiden
2 Eigelb	mit
75 g Zucker	
1 Pck. Vanillin-Zucker	
3 EL Zitronensaft	sehr cremig schlagen
400 g Doppelrahm-Frischkäse	und
250 g Magerquark	unterrühren
3 Eiweiß	sehr steif schlagen, unterheben, ein Geschirrtuch mit Mehl bestäuben, die Hälfte des Teiges auf das Tuch legen, auf die Größe des Tuches ausrollen, dann über den Handrücken gleichmäßig ausziehen, bis der Stoff des Geschirrtuches sichtbar ist, die Hälfte der Füllung darauf streichen (den Rand freilassen), mit Früchten und
50 g gehackten Pinienkernen	bestreuen, Teigplatte mit Hilfe des Tuches aufrollen, auf ein mit Backpapier belegtes Backblech legen, den restlichen Teig genauso zubereiten
1 Eigelb	verquirlen, den Strudel damit bestreichen, das Backblech in den Backofen schieben
Ober-/Unterhitze	180–200 °C (vorgeheizt)
Heißluft	160–180 °C (nicht vorgeheizt)
Gas	etwa Stufe 4 (vorgeheizt)
Backzeit	etwa 30 Minuten.

Apfelkuchen auf dem Blech

(Foto Seite 120)

	Für den Teig
375 g g Weizenmehl	in eine Rührschüssel sieben, mit
1 Pck. Trockenhefe	sorgfältig vermischen
50 g Zucker	
1 Pck. Vanillin-Zucker	
1 Prise Salz	
200 ml lauwarme Milch	
75 g zerlassene, abgekühlte Butter oder Margarine	hinzufügen, die Zutaten mit Handrührgerät mit Knethaken zunächst auf niedrigster, dann auf höchster Stufe in etwa 5 Minuten zu einem Teig verarbeiten, sollte er kleben, den Teig abgedeckt so lange an einem warmen Ort stehen lassen, bis er sich sichtbar vergrößert hat den Teig auf der Arbeitsfläche nochmals kurz durchkneten, auf einem gefetteten Backblech (38 x 28 cm) ausrollen, vor den Teig ein mehrfach umgeknicktes Stück Alufolie legen.
	Für den Belag
1–1½ kg Äpfel	schälen, vierteln, entkernen, in Scheiben schneiden, gleichmäßig auf den Teig legen, leicht andrücken
etwa 150 g Korinthen	darüber verteilen den Teig nochmals so lange an einem warmen Ort stehen lassen, bis er sich sichtbar vergrößert hat, erst dann in den Backofen schieben
Ober-/Unterhitze	200–220 °C (vorgeheizt)
Heißluft	180–200 °C (nicht vorgeheizt)
Gas	Stufe 4–5 (vorgeheizt)
Backzeit	20–30 Minuten.
	Zum Aprikotieren
2–3 EL Aprikosen-Konfitüre	durch ein Sieb streichen, mit
etwa 1 EL Wasser	verrühren, einmal aufkochen lassen, den noch warmen Kuchen damit bestreichen.

Amerikanischer Apfelkuchen mit Erdnüssen

	Für den Teig
375 g Weizenmehl	in eine Rührschüssel sieben, mit
1 Pck. Trockenhefe	sorgfältig vermischen
50 g Zucker	
1 Pck. Vanillin-Zucker	
1 Prise Salz	
200 ml lauwarme Milch	
75 g zerlassene, abgekühlte Butter oder Margarine	hinzufügen, die Zutaten mit Handrührgerät mit Knethaken zunächst auf niedrigster, dann auf höchster Stufe in etwa 5 Minuten zu einem Teig verarbeiten, sollte er kleben, den Teig abgedeckt so lange an einem warmen Ort stehen lassen, bis er sich sichtbar vergrößert hat, den Teig auf der Arbeitsfläche nochmals kurz durchkneten, auf einem gefetteten Backblech (38 x 28 cm) ausrollen.
	Für den Belag
1½ kg säuerliche Äpfel	schälen, vierteln, vom Kerngehäuse befreien, größere Äpfel achteln, auf dem Teigboden verteilen, mit
Saft von ½ Zitrone	
3 EL Preiselbeeren (insgesamt 1 kleines Glas)	beträufeln, die restlichen abgetropften Preiselbeeren mit
70 g braunem Zucker	
100 g frischen, geschälten Erdnüssen	
50 g Rosinen	über den Teig verteilen, den Teig nochmals so lange gehen lassen, bis er sich sichtbar vergrößert hat, in den Backofen schieben
Ober-/Unterhitze	180–200 °C (vorgeheizt)
Heißluft	160–180 °C (nicht vorgeheizt)
Gas	Stufe 3–4 (vorgeheizt)
Backzeit	30–40 Minuten.
Beigabe:	Schlagsahne.

Apfel- oder Pflaumenkuchen mit Crème fraîche

	Für den Teig
400 g Weizen	fein mahlen, mit
1 Pck. Trockenhefe	in eine Rührschüssel geben, sorgfältig vermischen
75 g Honig	
1 Prise Salz	
1 Ei	
200 ml lauwarme Milch	
75 g zerlassene, abgekühlte Butter oder Margarine	hinzufügen, die Zutaten mit Handrührgerät mit Knethaken zunächst auf niedrigster, dann auf höchster Stufe in etwa 5 Minuten zu einem Teig verarbeiten, sollte er kleben, noch etwas Mehl hinzufügen
	den Teig so lange an einem warmen Ort stehen lassen, bis er sich sichtbar vergrößert hat, ihn auf der Arbeitsfläche durchkneten, auf einem gefetteten Backblech (38 x 28 cm) ausrollen, mit
3 EL gem. Haselnußkernen oder Vollkornbröseln	bestreuen.
	Für den Apfelkuchen
1½ kg mürbe Äpfel	schälen, vierteln, entkernen, in Spalten schneiden, schuppenförmig auf den Teig legen, mit
100 g Sultaninen	
50 g gehackten Cashewkernen	bestreuen
	den Teig nochmals so lange an einem warmen Ort gehen lassen, bis er sich sichtbar vergrößert hat, das Backblech in den Backofen schieben
Ober-/Unterhitze	200–220 °C (vorgeheizt)
Heißluft	180–200 °C (nicht vorgeheizt)
Gas	Stufe 4–5 (vorgeheizt)
Backzeit	etwa 30 Minuten
	nach etwa 20 Minuten Backzeit
100 g Honig	mit
1 Becher (150 g) Crème fraîche	verrühren
1 Msp. gem. Zimt	hinzufügen, die Masse auf die Apfelspalten streichen, den Kuchen noch etwa 10 Minuten backen.

	Für den Pflaumenkuchen
etwa 2 1/2 kg Pflaumen	waschen, abtrocknen, entsteinen, mit der Innenseite nach oben schuppenförmig auf den Teig legen den Teig nochmals so lange an einem warmen Ort gehen lassen, bis er sich sichtbar vergrößert hat, das Backblech in den Backofen schieben
Ober-/Unterhitze	200–220 °C (vorgeheizt)
Heißluft	180–200 °C (nicht vorgeheizt)
Gas	Stufe 4–5 (vorgeheizt)
Backzeit	etwa 25 Minuten.

Apfelkuchen mit Gitter

	Für den Teig
250 g Weizenmehl	auf die Arbeitsfläche sieben, in die Mitte eine Vertiefung eindrücken
1 Pck. Vanillin-Zucker 1 Prise Salz 250 g Speisequark 250 g kalte, in Stücke geschnittene Butter	hineingeben, das Fett mit Mehl bedecken, von der Mitte aus alle Zutaten schnell zu einem glatten Teig verkneten, sollte er zu weich sein, evtl. noch etwas Mehl unterkneten, ihn eine Stunde im Kühlschrank ruhen lassen.
	Für die Füllung
2 kg Äpfel (z.B. Boskop, Cox Orange, Gravensteiner)	schälen, vierteln, entkernen, in kleine Stücke schneiden, mit
75–100 g Zucker 1 Pck. Vanillin-Zucker	unter Rühren weich dünsten, erkalten lassen
125 g Rosinen	verlesen, unter die Apfelmasse heben 2/3 des Teiges auf einem gefetteten Backblech (38 x 28 cm) ausrollen, die erkalteten Äpfel gleichmäßig darauf verteilen den restlichen Teig dünn ausrollen, in 1 cm breite Streifen schneiden, gitterförmig über die Äpfel legen, mit
Dosenmilch	bestreichen, in den Backofen schieben
Ober-/Unterhitze	200–220 °C (vorgeheizt)
Heißluft	180–200 °C (nicht vorgeheizt)
Gas	Stufe 3–4 (vorgeheizt)
Backzeit	30–35 Minuten.

Apfelkuchen mit Mandelkruste

	Für den Teig
400 g Weizenmehl	in eine Rührschüssel sieben, mit
1 Pck. Trockenhefe	sorgfältig vermischen
75 g Zucker	
1 Pck. Vanillin-Zucker	
1 Prise Salz, 1 Ei	
200 ml lauwarme Milch	
75 g zerlassene, abgekühlte Butter	hinzufügen, die Zutaten mit Handrührgerät zunächst auf niedrigster, dann auf höchster Stufe in etwa 5 Minuten zu einem Teig verarbeiten den Teig abgedeckt an einem warmen Ort so lange gehen lassen, bis er sich sichtbar vergrößert hat.
	Für die Füllung
1 kg Äpfel, z.B. Boskop	schälen, vierteln, entkernen, in kleine Stücke schneiden, mit
Saft von 1 Zitrone	
75 g Butter	
75 g Zucker	
100 g Rosinen	unter Rühren leicht dünsten, erkalten lassen, evtl. mit Zucker abschmecken den gegangenen Teig aus der Schüssel nehmen, auf der Arbeitsfläche nochmals kurz durchkneten, die Hälfte des Teiges auf einem gefetteten Backblech (38 x 28 cm) ausrollen, am Rand etwas hochdrücken, den Teig mit
40 g Semmelbröseln	bestreuen, die Füllung auf den Teig streichen, den restlichen Teig zu einer Platte in Größe des Backblechs ausrollen, mit Backpapier belegen, aufrollen, auf der Füllung abrollen, die Teigränder gut andrücken.
	Für den Belag
100 g Butter	mit
150 g Zucker	
1 Pck. Vanillin-Zucker	
3 EL Milch	in einem Topf erwärmen
200 g abgezogene, gehobelte Mandeln	unterrühren, die Masse etwas abkühlen lassen, gleichmäßig auf der Teigdecke verteilen den Teig nochmals so lange an einem warmen Ort gehen lassen, bis er sich sichtbar vergrößert hat
Ober-/Unterhitze	etwa 200 °C (vorgeheizt)
Heißluft	etwa 180 °C (nicht vorgeheizt)
Gas	Stufe 3–4 (vorgeheizt)
Backzeit	etwa 25 Minuten.

Apfelkuchen mit Pudding

(Foto Seite 137)

	Für den Teig
150 g Speisequark	mit
6 EL Milch	
6 EL Speiseöl	
75 g Zucker	
1 Pck. Vanillin-Zucker	
1 Prise Salz	verrühren
300 g Weizenmehl	mit
1 Pck. Backpulver	mischen, sieben, die Hälfte davon unterrühren, den Rest des Mehls unterkneten den Teig auf einem gefetteten Backblech (38 x 28 cm) ausrollen.
	Für den Belag
1 Pck. Pudding-Pulver Vanille-Geschmack	
75 g Zucker	mit 6 Eßlöffeln von
375 ml ($^3/_8$ l) kalter Milch	anrühren, die übrige Milch zum Kochen bringen, von der Kochstelle nehmen, das Pudding-Pulver unter Rühren hineingeben, kurz aufkochen lassen, den Pudding während des Erkaltens ab und zu umrühren
125 ml ($^1/_8$ l) steifgeschlagene Schlagsahne	
1 Eigelb	unter den etwas abgekühlten Pudding rühren
1 Eiweiß	steif schlagen, es muß so fest sein, daß ein Messerschnitt sichtbar bleibt, unter den Pudding heben, die Masse gleichmäßig auf dem Teig verteilen
1$^1/_4$ kg Äpfel	schälen, vierteln, entkernen, in Spalten schneiden, schuppenförmig auf den Pudding legen, vor den Teig ein mehrfach umgeknicktes Stück Alufolie legen, in den Backofen schieben
Ober-/Unterhitze	etwa 180 °C (vorgeheizt)
Heißluft	etwa 160 °C (nicht vorgeheizt)
Gas	etwa Stufe 3 (vorgeheizt)
Backzeit	etwa 35 Minuten.
	Zum Aprikotieren
2 EL Aprikosenkonfitüre	durch ein Sieb streichen, mit
1 EL Wasser	
1–2 EL Apricot Brandy	verrühren, kurz aufkochen lassen, sofort nach dem Backen den Kuchen damit bestreichen.

Apfelkuchen mit Streuseln

Für den Teig

400 g Weizenmehl in eine Rührschüssel sieben, mit
1 Pck. Trockenhefe sorgfältig vermischen
50 g Zucker
1 Pck. Vanillin-Zucker
1 Prise Salz
1 Ei
50 g zerlassene, lauwarme Butter
2 EL Speiseöl
125 ml ($^1/_8$ l) lauwarme Milch hinzufügen, die Zutaten mit Handrührgerät mit Knethaken zunächst kurz auf niedrigster, dann auf höchster Stufe in etwa 5 Minuten zu einem Teig verarbeiten, sollte er kleben, noch etwas Mehl hinzufügen
den Teig an einem warmen Ort so lange stehenlassen, bis er sich sichtbar vergrößert hat, ihn dann auf der Arbeitsfläche nochmals kurz durchkneten, auf dem gefetteten Backblech (38 x 28 cm) ausrollen, vor den Teig einen mehrfach geknickten Streifen Alufolie legen.

Für den Belag

etwa $1^1/_2$ kg Äpfel schälen, vierteln, vom Kerngehäuse befreien, in dicke Scheiben schneiden, gleichmäßig auf dem Teig verteilen.

Für die Streusel

375 g Weizenmehl in eine Schüssel sieben, mit
200 g Zucker
1 Pck. Vanillin-Zucker
1 Msp. gem. Zimt vermischen
250 g Butter in Flöckchen dazugeben, alle Zutaten zu Streuseln vermengen, gleichmäßig auf den Äpfeln verteilen
den Teig nochmals so lange an einem warmen Ort stehen lassen, bis er sich sichtbar vergrößert hat, erst dann in den Backofen schieben

Ober-/Unterhitze 200–220 °C (vorgeheizt)
Heißluft 180–200 °C (nicht vorgeheizt)
Gas Stufe 4–5 (vorgeheizt)
Backzeit etwa 30 Minuten.

Würziger Apfelkuchen

	Für den Rührteig
200 g Butter	mit Handrührgerät mit Rührbesen auf höchster Stufe in etwa 1/2 Minute geschmeidig rühren, nach und nach
200 g Zucker	
1 Pck. Vanillin-Zucker	
4 Eier	
1 Prise Salz	
1 gestr. TL gem. Zimt	
1/2 gestr. TL gem. Ingwer	unterrühren, so lange rühren, bis eine gebundene Masse entstanden ist
250 g Weizenmehl	mit
2 gestr. TL Backpulver	mischen, sieben, auf mittlerer Stufe eßlöffelweise unterrühren den Teig auf ein gut gefettetes Backblech (38 x 28 cm) streichen.
	Für den Belag
12–15 mittelgroße Äpfel	schälen, das Kerngehäuse mit einem Apfelausstecher ausstechen, die Äpfel in etwa 1 cm dicke Scheiben schneiden, schuppenförmig auf den Teig legen, die Apfellöcher mit
Preiselbeerkonfitüre	füllen, das Backblech in den Backofen schieben
Ober-/Unterhitze	etwa 180 °C (vorgeheizt)
Heißluft	etwa 160 °C (nicht vorgeheizt)
Gas	etwa Stufe 3 (vorgeheizt)
Backzeit	etwa 40 Minuten den Kuchen erkalten lassen.
	Für den Guß aus
500 ml (1/2 l) Apfelsaft	
oder	
250 ml (1/4 l) Weißwein	
und 250 ml (1/4 l) Wasser	
2 Pck. Tortenguß, klar	
2 EL Zucker	nach der Vorschrift auf dem Päckchen einen Guß zubereiten, über den Kuchen geben.

Wiener Apfelstrudel

	Für den Strudelteig
200 g Weizenmehl	in eine Rührschüssel sieben
1 Prise Salz	hineingeben, nach und nach
75 ml (5 EL) lauwarmes Wasser	
50 g zerlassene Butter oder Margarine oder 3 EL Speiseöl	hinzufügen, alle Zutaten mit Handrührgerät mit Knethaken zunächst kurz auf niedrigster, dann auf höchster Stufe gut durcharbeiten, anschließend auf der Arbeitsfläche zu einem glatten Teig verkneten, sollte er kleben, ihn eine Zeitlang kalt stellen, den Teig auf Pergamentpapier in einen heißen, trockenen Kochtopf legen (vorher Wasser darin kochen), mit einem Deckel verschließen, etwa 30 Minuten ruhen lassen.
	Für die Füllung
1–1½ kg Äpfel	schälen, vierteln, entkernen, in feine Stifte schneiden
½ Fläschchen Rum-Aroma	
3 Tropfen Zitronen-Aroma	untermischen
50 g Rosinen	verlesen
75 g Butter	zerlassen, den Teig auf einem bemehlten, großen Tuch (Tischtuch) ausrollen, dünn mit etwas von dem Fett bestreichen, ihn dann mit den Händen zu einem Rechteck (50 x 70 cm) ausziehen, (er muß durchsichtig sein), die Ränder, wenn sie dicker sind, abschneiden, ⅔ des Fettes auf den Teig streichen
50 g Semmelbrösel	auf den Teig streuen (an den kürzeren Seiten etwa 3 cm frei lassen) nacheinander Äpfel, Rosinen,
100 g Zucker	
1 Pck. Vanille-Zucker	
50 g abgezogene, gehackte Mandeln	darauf verteilen, die freigebliebenen Teigränder auf die Füllung schlagen, den Teig von der längeren Seite her, mit der Füllung beginnend, aufrollen, an den Enden gut zusammendrücken, auf ein gefettetes Backblech legen, mit Fett bestreichen
Ober-/Unterhitze	etwa 180 °C (vorgeheizt)
Heißluft	etwa 160 °C (nicht vorgeheizt)
Gas	etwa Stufe 3 (vorgeheizt)
Backzeit	etwa 45 Minuten
	während des Backens den Strudel mit der restlichen Butter bestreichen.

Allerlei vom Blech

Mandel-Schoko-Schnitten

(Foto Seite 138)

	Für den Teig
4 Eier	
2 EL heißes Wasser	mit Handrührgerät mit Rührbesen auf höchster Stufe in 1 Minute schaumig schlagen
100 g Zucker	mit
1 Pck. Vanillin-Zucker	
½ Fläschchen Rum-Aroma	
2 Tropfen Bittermandel-Aroma	mischen, in 1 Minute einstreuen, dann noch etwa 2 Minuten schlagen
50 g abgezogene, gem. Mandeln	mit
50 g geriebener Schokolade	
50 g Semmelbrösel	
50 g Speisestärke	mischen, die Hälfte davon auf die Eiercreme sieben, kurz auf niedrigster Stufe unterrühren, den Rest auf dieselbe Weise unterarbeiten den Teig etwa 1 cm dick auf ein gefettetes, mit Backpapier belegtes Backblech (38 x 28 cm) streichen, an der offenen Seite des Blechs das Papier unmittelbar vor dem Teig zu einer Falte knicken, so daß ein Rand entsteht, sofort in den Backofen schieben
Ober-/Unterhitze	200–220 °C (vorgeheizt)
Heißluft	–
Gas	Stufe 4–5 (vorgeheizt)
Backzeit	10–15 Minuten den Biskuit nach dem Backen sofort auf ein mit Zucker bestreutes Papier stürzen, das Backpapier mit kaltem Wasser bestreichen, vorsichtig aber schnell abziehen.
	Zum Aprikotieren
4 EL Aprikosenkonfitüre	durch ein Sieb streichen, mit
2 EL Rum	
2 EL Wasser	verrühren, einmal aufkochen lassen, den Biskuit sofort nach dem Backen gleichmäßig damit bestreichen, erkalten lassen.

	Für den Guß
100 g Schokolade	in kleine Stücke brechen, in einem kleinen Topf im Wasserbad bei schwacher Hitze zu einer geschmeidigen Masse verrühren, von
15 g zerlassenem Kokosfett	nur so viel hinzugeben, daß der Guß gut streichfähig ist, ihn auf die Aprikosenschicht streichen, kurz antrocknen lassen, mit einem Messer etwa 5 x 5 cm große Vierecke in den Schokoladenguß ziehen, die Vierecke in den Schokoladenguß ziehen, die Vierecke in der Mitte mit
abgezogenen, halbierten Mandeln	belegen, sobald der Guß fest ist, das Gebäck mit einem in heißes Wasser getauchten Messer auseinanderschneiden.
Tip:	Die Mandelschnitten bleiben, in Alufolie gewickelt und kühl aufbewahrt, einige Tage frisch.

Prophetenkuchen

	Für den Teig
6 Eigelb	mit Handrührgerät mit Rührbesen auf höchster Stufe 5 Minuten schaumig schlagen
100 ml Speiseöl	kurz unterrühren
100 ml Rum (40%ig)	kurz unterrühren
100 g Weizenmehl	sieben, auf mittlerer Stufe in 1 Minute unterrühren die Masse nochmals kurz aber kräftig auf höchster Stufe schlagen, den Teig auf ein gut gefettetes Backblech (38 x 28 cm) streichen
Ober-/Unterhitze	etwa 250 °C (vorgeheizt)
Heißluft	–
Gas	Stufe 5–6 (vorgeheizt)
Backzeit	etwa 7 Minuten das Gebäck auf dem Blech auskühlen lassen.
	Für den Belag
100 g Butter	zerlassen, das Gebäck damit bestreichen (mit Hilfe eines Pinsels), mit
2 Pck. Vanillin-Zucker	bestreuen, wenn die Butter fest ist, das Gebäck mit
100 g Puderzucker	bestäuben.
Tip:	Gebäck darf nur hellgelb gebacken werden. Darauf achten, mindestens 40%igen Rum zu verwenden.

Spiegeleierkuchen

	Für den Belag aus
2 Pck. Pudding-Pulver Vanille-Geschmack	
80 g Zucker	
750 ml (3/4 l) Milch	nach Anleitung auf dem Päckchen (aber nur mit 3/4 l Milch) einen Pudding zubereiten, kalt stellen, ab und zu durchrühren.
	Für den Teig
150 g Butter oder Margarine	mit Handrührgerät mit Rührbesen auf höchster Stufe geschmeidig rühren, nach und nach
150 g Zucker	
1 Pck. Vanillin-Zucker	
1 Prise Salz	unterrühren, so lange rühren, bis eine gebundene Masse entstanden ist
3 Eier	nach und nach unterrühren (jedes Ei etwa 1/2 Minute)
300 g Weizenmehl	mit
2 gestr. TL Backpulver	mischen, sieben, abwechselnd portionsweise mit
2 EL Milch	auf mittlerer Stufe unterrühren den Teig auf ein gefettetes Backblech (38 x 28 cm) streichen, vor den Teig einen mehrfach umgeknickten Streifen Alufolie legen, unter den erkalteten Pudding
500 g Crème fraîche	rühren, die Masse gleichmäßig auf den Teig streichen
700 g Aprikosen (aus der Dose)	abtropfen lassen, 500 ml (1/2 l) Saft abmessen, die Aprikosen auf dem Pudding verteilen (mit der Wölbung nach oben)
Ober-/ Unterhitze	etwa 180 °C (vorgeheizt)
Heißluft	etwa 160 °C (nicht vorgeheizt)
Gas	etwa Stufe 3 (vorgeheizt)
Backzeit	etwa 30 Minuten das Gebäck erkalten lassen.
	Für den Guß
2 Pck. Tortenguß, klar	
50 g Zucker	
500 ml (1/2 l) Aprikosensaft	nach Anleitung auf dem Päckchen zubereiten, auf dem Belag verteilen, fest werden lassen.

Trüffelkuchen auf dem Blech

	Für den Teig
200 g Margarine oder Butter	mit Handrührgerät mit Rührbesen auf höchster Stufe geschmeidig rühren, nach und nach
200 g Zucker	
1 Pck. Vanillin-Zucker	
1 Prise Salz	unterrühren, so lange rühren, bis eine gebundene Masse entstanden ist
4 Eier	nach und nach unterrühren (jedes Ei etwa 1/2 Minute)
200 g Weizenmehl	mit
20 g Kakaopulver	
1 gestr. TL Backpulver	mischen, sieben, abwechselnd portionsweise mit
3 EL Milch	auf mittlerer Stufe unterrühren, den Teig auf ein gefettetes, mit Backpapier belegtes Backblech (38 x 28 cm) streichen, das Papier unmittelbar vor dem Teig zur Falte knicken, so daß ein Rand entsteht
Ober-/Unterhitze	etwa 180 °C (vorgeheizt)
Heißluft	etwa 160 °C (nicht vorgeheizt)
Gas	etwa Stufe 3 (vorgeheizt)
Backzeit	etwa 15 Minuten
	den Kuchen sofort nach dem Backen auf Backpapier stürzen, mit
100 ml Orangensaft	tränken, erkalten lassen.
	Für die Trüffelcreme
200 ml Schlagsahne	
50 g Butter	zum Kochen bringen, von der Kochstelle nehmen
300 g Zartbitter-Schokolade	in Stücke brechen, unter Rühren in der Sahne auflösen, kalt stellen (am besten über Nacht)
	Schokoladensahne mit Handrührgerät mit Rührbesen etwa 2 Minuten zu einer Creme aufschlagen, mit
1–2 EL Orangenlikör	abschmecken, die Creme auf den getränkten Boden streichen, mit Hilfe eines Tortengarnierkammes oder einer Gabel verzieren, mit
100 g geschabter, weißer Schokolade	garnieren.

Sahne-Mandel-Kuchen

	Für den Teig
250 ml (1/4 l) Schlagsahne	in eine Rührschüssel geben, nach und nach
175 g Zucker	
1 Pck. Vanillin-Zucker	mit Handrührgerät mit Rührbesen unterrühren
3 Eier	nach und nach unterrühren (jedes Ei etwa 1/2 Minute)
abgeriebene Schale von 1/2 Zitrone (unbehandelt)	unterrühren
300 g Weizenmehl	mit
1 Pck. Backpulver	mischen, sieben, eßlöffelweise auf mittlerer Stufe unterrühren den Teig in die gut gefettete Fettfangschale des Backofens geben, glattstreichen, in den Backofen schieben
Ober-/Unterhitze	etwa 200 °C (vorgeheizt)
Heißluft	etwa 180 °C (nicht vorgeheizt)
Gas	etwa Stufe 4 (vorgeheizt)
Backzeit	etwa 10 Minuten.
	Für den Belag
125 g Butter	mit
125 g Zucker	
1 Pck. Vanillin-Zucker	
3 EL Milch	in einem Topf unter Rühren langsam erwärmen, zerlassen, von der Kochstelle nehmen
100 g abgezogene, gehobelte Mandeln	unterrühren, den Belag auf den vorgebackenen Kuchen streichen, bei gleicher Temperatur weitere etwa 12 Minuten backen.

Pflaumen-Streusel-Kuchen, Rezept Seite 85

Zwetschgendatschi, Rezept Seite 89

Großmutters Apfelkuchen, Rezept S. 94

Apfelkuchen auf dem Blech, Rezept Seite 102

Fruchtiger Käsekuchen

	Für den Hefeteig
375 g Weizenmehl	in eine Rührschüssel sieben, mit
1 Pck. Trockenhefe	sorgfältig vermischen
75 g Zucker	
1 Prise Salz	
1 Ei	
200 ml lauwarme Schlagsahne	
100 g zerlassene, abgekühlte Butter	hinzufügen, die Zutaten mit Handrührgerät mit Knethaken zunächst auf niedrigster, dann auf höchster Stufe in etwa 5 Minuten zu einem Teig verarbeiten, sollte er kleben, noch etwas Mehl hinzufügen (aber nicht zu viel, Teig muß weich bleiben), den Teig so lange an einem warmen Ort stehenlassen, bis er sich sichtbar vergrößert hat.
	Für die Füllung
250 g gedünstete Pfirsiche	abtropfen lassen
300 g Doppelrahm-Frischkäse	mit
75 g Zucker	
1 Pck. Vanillin-Zucker	
1 Eigelb	
3 EL Pfirsichsaft	gut verrühren, die Pfirsiche in kleine Würfel schneiden
1 Eiweiß	steif schlagen, beide Zutaten unter die Käsecreme rühren, den gegangenen Teig auf höchster Stufe nochmals gut durchkneten knapp die Hälfte des Teiges auf 2/3 eines gefetteten Backblechs (38 x 28 cm) ausrollen, am Rand etwas hochdrücken, die Füllung gleichmäßig darauf streichen, dabei an der offenen Seite des Blechs etwa 2 cm Teig frei lassen, die überstehenden Teigränder auf die Füllung schlagen, den Rest des Teiges als Deckel ausrollen, auf die Füllung legen, die Ränder gut andrücken den Teig nochmals so lange an einem warmen Ort gehen lassen, bis er sich sichtbar vergrößert hat, in den Backofen schieben
Ober-/Unterhitze	200–220 °C (vorgeheizt)
Heißluft	180–200 °C (nicht vorgeheizt)
Gas	Stufe 4–5 (vorgeheizt)
Backzeit	etwa 25 Minuten das Gebäck sofort mit
20 g zerlassener Butter	bestreichen, mit
20 g Zucker	bestreuen.

Herrenschnitten

100 g Weizenmehl	mit
1 Msp. Backpulver	mischen, in eine Rührschüssel sieben
25 g Zucker	
1 Pck. Vanillin-Zucker	
75 g weiche Butter	hinzufügen, die Zutaten mit Handrührgerät mit Knethaken zunächst kurz auf niedrigster, dann auf höchster Stufe gut durcharbeiten, anschließend auf der Tischplatte zu einem glatten Teig verkneten, sollte er kleben, ihn eine Zeitlang kalt stellen, den Teig in der Größe von (38 x 28 cm) auf einem gefetteten Backblech ausrollen, mehrmals mit einer Gabel einstechen, in den Backofen schieben
Ober-/Unterhitze	200–220 °C (vorgeheizt)
Heißluft	180–200 °C (nicht vorgeheizt)
Gas	Stufe 4–5 (vorgeheizt)
Backzeit	etwa 10 Minuten das Gebäck sofort nach dem Backen vom Blech lösen, darauf erkalten lassen
2 Eier	
2–3 EL heißes Wasser	mit Handrührgerät mit Rührbesen auf höchster Stufe in 1 Minute schaumig schlagen
85 g Zucker	mit
1 Pck. Vanillin-Zucker	mischen, in 1 Minute einstreuen, dann noch etwa 2 Minuten schlagen
50 g Weizenmehl	mit
50 g Speisestärke	
15 g Kakao	
1½ gestr. TL Backpulver	mischen, die Hälfte davon auf die Eiercreme sieben, kurz auf niedrigster Stufe unterrühren den Rest des Mehl-Gemisches auf dieselbe Weise unterarbeiten, den Teig auf ein gefettetes, mit Alufolie oder Pergamentpapier belegtes Backblech (38 x 28 cm) streichen, an der offenen Seite des Blechs die Folie (Papier) unmittelbar vor dem Teig zur Falte knicken, so daß ein Rand entsteht, im Backofen sofort backen
Ober-/Unterhitze	200–220 °C (vorgeheizt)
Heißluft	–
Gas	Stufe 4–5 (vorgeheizt)
Backzeit	10–12 Minuten sofort nach dem Backen den Biskuit auf ein mit Zucker bestreutes Papier stürzen, das Backpapier mit kaltem Wasser bestreichen, vorsichtig, aber schnell abziehen, den Biskuit gut auskühlen lassen.
425 g Preiselbeeren (aus dem Glas)	abtropfen lassen, den Saft auf 250 ml (¼ l) auffüllen (evtl. mit Wasser ergänzen).

1 Pck. Tortenguß, klar
25 g Zucker
250 ml (1/4 l) Preiselbeersaft nach der Vorschrift auf dem Päckchen einen Tortenguß zubereiten, die Preiselbeeren unterheben (einige zum Garnieren zurücklassen), gut 5 Minuten abkühlen lassen, den Knetteigboden gleichmäßig mit der Preiselbeermasse bestreichen, den Biskuit einmal durchschneiden, die untere Hälfte auf die Preiselbeermasse legen, gut andrücken
500 ml (1/2 l) Schlagsahne 1/2 Minute schlagen
50 g Puderzucker sieben, mit
2 Pck. Sahnesteif mischen, einstreuen, die Sahne steif schlagen
die Hälfte der Sahne auf den unteren Biskuitboden streichen, mit dem oberen bedecken, gut andrücken, die obere Seite des Gebäcks dünn mit Sahne bestreichen
das Gebäck in 15 Schnitten schneiden, sie mit der restlichen Sahne verzieren, mit den restlichen Preiselbeeren garnieren.

Haselnußschnitten

2 Eier
2 EL heißes Wasser mit Handrührgerät mit Rührbesen auf höchster Stufe in 1 Minute schaumig schlagen
75 g Zucker mit
1 Pck. Vanillin-Zucker mischen, in 1 Minute einstreuen, dann noch etwa 2 Minuten schlagen
50 g Weizenmehl mit
25 g Speisestärke
1 gestr. TL Backpulver mischen, auf die Eiercreme sieben
100 g gem. Haselnußkerne auf das Mehl geben, alles kurz auf niedrigster Stufe unterrühren, den Teig als Rechteck (etwa 32 x 22 cm) auf ein gefettetes, mit Pergamentpapier belegtes Backblech streichen, das Papier an der offenen Seite des Blechs unmittelbar vor dem Teig zur Falte knicken, so daß ein Rand entsteht, sofort backen
Ober-/Unterhitze 200–220 °C (vorgeheizt)
Heißluft –
Gas Stufe 4–5 (vorgeheizt)
Backzeit 10–12 Minuten
den Biskuit nach dem Backen sofort auf ein mit Zucker bestreutes Papier stürzen, das Backpapier mit kaltem Wasser bestreichen, vorsichtig, aber schnell abziehen, den Biskuit gut auskühlen lassen.

Fortsetzung Seite 124

	Für die Füllung
250 ml (1/4 l) Schlagsahne	1/2 Minute schlagen
15 g Zucker	mit
1 Pck. Vanillin-Zucker	
1 Pck. Sahnesteif	mischen, einstreuen, die Sahne steif schlagen
1–2 EL Rum	unterrühren, etwa 2 Eßlöffel von der Sahne in einen Spritzbeutel füllen, den Biskuit in 2 Stücke (11 x 32 cm) schneiden, die eine Hälfte dünn mit
etwa 1 EL Aprikosen-Konfitüre	bestreichen, darauf 2/3 der Sahne streichen, die andere Hälfte darauf legen, die Oberfläche und den Rand des Gebäcks mit dem Rest der Sahne bestreichen, in 8 Stücke teilen, jedes Teil mit der Sahne aus dem Spritzbeutel verzieren, mit
Haselnußkernen	
kandierten Kirschen	garnieren, das Gebäck kalt stellen.

Kaffeeschnitten

150 g Magerquark	
6 EL Milch	
6 EL Speiseöl	
75 g Zucker	
1 Pck. Vanillin-Zucker	
1 Prise Salz	in eine Rührschüssel geben, mit einem Handrührgerät mit Knethaken kurz verrühren
300 g Weizenmehl	mit
1 Pck. Backpulver	mischen, darüber sieben, unterkneten
	den Teig zu einem Rechteck von 60 x 30 cm ausrollen, mit
100 g weicher Butter	bestreichen.
250 g Rosinen	mit
100 g gehackten Haselnußkernen	
50 g feingehacktem Orangeat	
50 g feingehacktem Zitronat (Sukkade)	
1 gut geh. EL Zucker	
1 Pck. Vanillin-Zucker	
1 Msp. gem. Zimt	
3 EL Rum	vermengen, gleichmäßig auf die Teigplatte verteilen, den Teig in 2 Quadrate von je 30 x 30 cm teilen, aufrollen, zwei Backbleche mit Butter oder Margarine fetten, auf jedes Blech eine Teigrolle legen jede Teigrolle der Länge nach etwa 2 1/2 cm tief einschneiden, jeweils an den Enden

	einen Steg von etwa 2 cm Breite stehenlassen
	den Teig leicht auseinanderziehen, die Backbleche in den Backofen schieben
Ober-/Unterhitze	etwa 200 °C (vorgeheizt)
Heißluft	etwa 180 °C (nicht vorgeheizt)
Gas	etwa Stufe 4
Backzeit	etwa 30 Minuten
125 g Puderzucker	sieben, mit
2–3 EL Zitronensaft	
abgeriebener Schale von	
1/2 Zitrone (unbehandelt)	glattrühren, so daß eine dickflüssige Masse entsteht, den Guß unregelmäßig auf dem heißen Gebäck verteilen.

Thüringer Mohnkuchen

(Quark-Öl-Teig)

150 g Speisequark	mit
6 EL Milch	
6 EL Speiseöl	
75 g Zucker	
1 Pck. Vanille-Zucker	
1 Prise Salz	verrühren
300 g Weizenmehl	mit
1 Pck. Backpulver	mischen, sieben, die Hälfte davon unterrühren, den Rest des Mehls unterkneten, den Teig auf einem gefetteten Backblech (38 x 28 cm) ausrollen
250 g gemahlenen Mohn	mit heißem Wasser übergießen, gut abtropfen lassen
50 g Rosinen	verlesen
1 Pck. Pudding-Pulver	
Vanille-Geschmack	mit
50 g Grieß	
200 g Zucker	mischen, mit 8 Eßlöffel von
750 ml (3/4 l) kalter Milch	anrühren, die übrige Milch zum Kochen bringen, das Pudding-Pulver unter Rühren in die von der Kochstelle genommene Milch geben, kurz aufkochen lassen
	den Mohn, die Rosinen,
2–3 Tropfen	
Zitronen-Aroma	unterrühren, die Hälfte davon auf den Teig streichen
	unter den Rest
2 Eigelb	rühren
2 Eiweiß	steif schlagen, unterheben, auf die Mohnmasse streichen
Ober-/Unterhitze	180–200 °C (vorgeheizt)
Heißluft	160–180 °C (nicht vorgeheizt)
Gas	Stufe 3–4 (vorgeheizt)
Backzeit	25–30 Minuten.

Thüringer Mohnkuchen

	Für den Teig
300 g Weizenmehl	in eine Rührschüssel sieben, mit
1 Pck. Trocken-Backhefe	sorgfältig vermischen
50 g Zucker	
1 Pck. Vanillin-Zucker	
1 Prise Salz	
75 g zerlassene, abgekühlte Butter	
200 ml lauwarme Milch	hinzufügen, alle Zutaten mit Handrührgerät mit Knethaken zunächst auf niedrigster, dann auf höchster Stufe in etwa 5 Minuten zu einem glatten Teig verarbeiten, Teig so lange an einem warmen Ort gehen lassen, bis er sich sichtbar vergrößert hat.
	Für den Belag
250 g gemahlenen Mohn	mit heißem Wasser übergießen, auf einem Sieb gut abtropfen lassen
1 Pck. Vanille-Pudding-Pulver Vanille-Geschmack	mit
50 g Grieß	
200 g Zucker	mischen, mit 8 Eßlöffeln von
750 ml (3/4 l) kalter Milch	anrühren, die übrige Milch zum Kochen bringen, von der Kochstelle nehmen, die angerührte Mischung unter Rühren hineingeben, kurz aufkochen lassen Mohn,
50 g Rosinen	
2–3 Tropfen Zitronen-Aroma	unterrühren, den gegangenen Teig auf der Arbeitsfläche nochmals gut durchkneten, in einer gefetteten Fettpfanne (38 x 28 cm) ausrollen, die Hälfte der Mohnmasse auf den Teig streichen, unter den Rest
2 Eigelb	rühren
2 Eischnee	steif schlagen, vorsichtig unterziehen, auf die Mohnmasse streichen Teig nochmals an einem warmen Ort gehen lassen
Ober-/Unterhitze	180–200 °C (vorgeheizt)
Heißluft	160–180 °C (nicht vorgeheizt)
Gas	Stufe 3–4 (vorgeheizt)
Backzeit	25–30 Minuten.

Weihnachtliches vom Blech

Feine Weihnachtsstollen

(Foto Seite 139 – Rezept für 2 Stollen)

600–750 g Rosinen	in
gut 125 ml (1/8 l) Rum	über Nacht einweichen
750 g Weizenmehl	mit
1 1/2 Pck. Backpulver	mischen, in eine Rührschüssel sieben
200 g Zucker	
2 Pck. Vanillin-Zucker	
1 Prise Salz	
2 Eier	
6–8 Tropfen Bittermandel-Aroma	
1/2 TL gem. Nelken	
1/2 TL gem. Zimt	
1/2 TL gem. Muskatblüte	
1/2 TL gem. Anis	
1/2 TL gem. Ingwer	
2–3 EL Zitronensaft	
1 TL geriebene Orangenschale (unbehandelt)	hineingeben, mit einem Teil des Mehls zu einem dicken Brei verarbeiten
250 g weiche Butter	in Stücke schneiden
75 g Rindertalg	fein hacken
150 g Zitronat (Sukkade)	
100 g Orangeat	beide Zutaten in Würfel schneiden
375 g Magerquark	
250 g abgezogene, gem. Mandeln	hinzufügen, mit Handrührgerät mit Knethaken zunächst kurz auf niedrigster, dann auf höchster Stufe gut durcharbeiten, anschließend auf der Tischplatte zu einem glatten Teig verkneten, die eingeweichten Rosinen unterkneten, sollte der Teig noch kleben, noch
etwas Weizenmehl	hinzufügen
	den Teig teilen, 2 schmale Stollen formen, jeden Stollen ein gefettetes, mit 3-fach Backpapier belegtes Backblech legen, in den vorgeheizten Backofen schieben
Ober-/Unterhitze	etwa 180 °C (auf 250 °C vorheizen)
Heißluft	etwa 160 °C (auf 230 ° C vorheizen)
Gas	etwa Stufe 3–4 (vorgeheizt)
Backzeit	etwa 60 Minuten

	die Stollen sofort nach dem Backen mit
200 g zerlassener Butter	bestreichen, etwas abkühlen lassen, mit
gesiebtem Puderzucker	bestäuben, völlig erkalten lassen, in Alufolie einwickeln.
Tips:	Für Stollen immer nur ganz frische Zutaten von bester Qualität verwenden. Die Butter muß kalt, möglichst aus dem Kühlschrank sein, wenn sie in Stücke geschnitten wird, damit der Teig beim Kneten nicht zu weich wird. Stollen niemals zu dunkel backen lassen, da sie dann leicht bitter schmecken. Es ist deshalb empfehlenswert den Stollen nach etwa 40 Minuten evtl. abzudecken.

Elisenlebkuchen

	Für den Teig
2 Eier	mit Handrührgerät mit Rührbesen auf höchster Stufe etwa 1 Minute schaumig schlagen
250 g Zucker	in 1 Minute einstreuen, etwa 2 Minuten weiterschlagen
abgeriebene Schale von 1 Zitrone (unbehandelt)	
50 g feingehacktes Orangeat	
350–400 g gemahlene Mandeln (ungeschält)	mit dem Schneebesen unterheben, die Masse muß streichfähig bleiben, die Mandelmasse bergartig auf
40–50 Oblaten (Ø etwa 6 cm)	streichen, die Plätzchen auf Backbleche legen, etwa 12 Stunden (über Nacht) bei Zimmertemperatur stehen lassen, die Backbleche in den Backofen schieben
Ober-/Unterhitze	etwa 170 °C (vorgeheizt)
Heißluft	etwa 150 °C (nicht vorgeheizt)
Gas	etwa Stufe 2 (vorgeheizt)
Backzeit	25–30 Minuten.
	Für den Guß
etwa 75 g Speisefett-glasur (Schokolade)	nach der Vorschrift auf der Packung auflösen, die Hälfte der erkalteten Lebkuchen damit bestreichen
100 g Puderzucker	sieben, mit
etwa 2 EL Zitronensaft	zu einer streichfähigen Masse verrühren, die restlichen Lebkuchen damit bestreichen.

Marzipan-Quark-Stollen

(Foto Seite 140)

375 g verlesene Rosinen	mit
100 ml Rum	übergießen, durchziehen lassen (am besten über Nacht).
	Für den Teig
375 g Weizenmehl	mit
4 gestr. TL Backpulver	mischen, in eine Rührschüssel sieben
125 g Zucker	
1 Pck. Vanillin-Zucker	
1 Fläschchen Butter-Vanille-Aroma	
je 1 Msp. gem. Kardamom und gem. Muskatblüte	
etwas abgeriebene gelbe Orangenschale (unbehandelt)	
200 g Speisequark	
1 Ei, 1 Eigelb	
150 g weiche Butter oder Margarine	hinzufügen, die Zutaten mit Handrührgerät mit Knethaken zunächst kurz auf niedrigster, dann auf höchster Stufe gut durcharbeiten, anschließend auf die Arbeitsfläche geben, evtl. leicht mit Mehl bestäuben
100 g feingehacktes Zitronat (Sukkade)	
200 g abgezogene, gem. Mandeln	und die Rum-Rosinen hinzufügen, zu einem glatten Teig verkneten, ihn zu einem Rechteck (30 x 20 cm) ausrollen.
	Für die Füllung
200 g Marzipan-Rohmasse	gut durchkneten, zum Rechteck (30 x 15 cm) ausrollen, das Marzipan so auf den Teig legen, daß an den Längsseiten etwas Teig frei bleibt Teig von der längeren Seite nicht zu locker aufrollen, zu einem Stollen formen, auf mit Backpapier (dreifach) belegtes Backblech legen
Ober-/Unterhitze	auf 250 °C vorheizen, backen bei 160–180 °C
Heißluft	auf etwa 200 °C vorheizen, backen bei etwa 150 °C
Gas	Stufe 2–3 (vorgeheizt)
Backzeit	50–60 Minuten Stollen sofort nach dem Backen mit der Hälfte von
100 g zerlassener Butter	bestreichen, mit
Puderzucker	bestäuben, etwas abkühlen lassen, den Vorgang wiederholen.

Stollen mit Kokosraspel

	Für den Teig
500 g Weizenmehl	in eine Rührschüssel sieben, mit
1 Pck. Trocken-Backhefe	sorgfältig vermischen
100 g Zucker	
1 Pck. Vanillin-Zucker	
100 g Kokosraspel	
1 Ei	
125 ml (1/8 l) lauwarme Milch	
150 g zerlassene, abgekühlte Butter	hinzufügen, alles mit Handrührgerät mit Knethaken zuerst auf niedrigster, dann auf höchster Stufe in etwa 5 Minuten zu einem Teig verarbeiten, abgedeckt so lange an einem warmen Ort stehen lassen, bis er sich sichtbar vergrößert hat.
	Für die Füllung
75 g abgezogene Mandeln	
75 g Haselnußkerne	beide Zutaten grob hacken
100 g entsteinte, getrocknete Pflaumen	
100 g getrocknete Aprikosen	beide Zutaten fein schneiden die vier Zutaten mit
100 g Marzipan-Rohmasse	
50 g Kokosraspel	
100 g flüssiger Sahne	zu einer einheitlichen Masse verarbeiten den gegangenen Teig aus der Schüssel nehmen, auf der leicht bemehlten Arbeitsfläche nochmals gut durchkneten, zu einem Rechteck (40 x 30 cm) ausrollen, mit Füllung bestreichen (an den langen Rändern etwa 2 cm frei lassen), von der längeren Seite her aufrollen, zu einem Stollen formen, auf mit Backpapier (dreifach) belegtes Backblech legen, Teig nochmals gehen lassen, bis er sich sichtbar vergrößert hat
Ober-/Unterhitze	170–200 °C (vorgeheizt)
Heißluft	160–170 °C (nicht vorgeheizt)
Gas	Stufe 3–4 (vorgeheizt)
Backzeit	etwa 50 Minuten
100 g Butter	zerlassen, etwas abkühlen lassen sofort nach dem Backen den Stollen damit bestreichen, mit
100 g leicht gebräunten Kokosraspeln	bestreuen.

Quarkstollen

375 g Rosinen	mit
100 ml Rum	beträufeln, mehrere Stunden (am besten über Nacht) stehen lassen
500 g Weizenmehl	mit
1 Pck. Backpulver	mischen, in eine Rührschüssel sieben
150 g Zucker	
1 Pck. Vanillin-Zucker	
1 Prise Salz	
4 Tropfen Bittermandel-Aroma	
je 1 Msp. Nelken Kardamom, Ingwer Muskatnuß, Zimt (alles gemahlen)	
1 Pck. Feine Orangenfrucht	
2 Eier	
150 g Margarine oder Butter	
50 g Rinderfett (kleingeschnitten)	
250 g Magerquark	hinzufügen
	die Zutaten mit Handrührgerät mit Knethaken zunächst kurz auf niedrigster, dann auf höchster Stufe gut durcharbeiten, anschließend
250 g abgezogene, gem. Mandeln,	
150 g gewürfeltes Zitronat (Sukkade)	
100 g gewürfeltes Orangeat	und die Rum-Rosinen auf der Arbeitsfläche unterkneten, alles zu einem glatten Teig verkneten den Teig zu einem Stollen formen, dazu den Teig aufrollen und mit der Teigrolle der Länge nach eine Vertiefung eindrücken (Foto 1), linke Seite auf die rechte Seite schlagen (Foto 2), den mittleren Teil mit den Händen formen (Foto 3), Stollen auf ein mit Backpapier (doppelt) belegtes Backblech legen
Ober-/Unterhitze	vorheizen 250 °C, backen 160–180 °C
Heißluft	vorheizen etwa 200 °C, backen etwa 150 °C
Gas	Stufe 2–3 (vorgeheizt)
Backzeit	50–60 Minuten
	den Stollen sofort nach dem Backen mit der Hälfte von
100 g zerlassener Butter	bestreichen, mit der Hälfte von
50 g Puderzucker	bestäuben, etwas abkühlen lassen, den Vorgang wiederholen.

Ostdeutscher Mohnstrudel

	Für den Teig
250 g Weizenmehl	in eine Rührschüssel sieben
Salz	
100 ml lauwarmes Wasser	
1 kleines Ei	
1 EL Speiseöl	hinzufügen die Zutaten mit Handrührgerät mit Knethaken zunächst kurz auf niedrigster, dann auf höchster Stufe gut durcharbeiten, anschließend auf der Arbeitsfläche zu einem glatten Teig verkneten, sollte er kleben, ihn eine Zeitlang kalt stellen, den Teig auf Pergamentpapier in einen heißen, trockenen Kochtopf legen (vorher Wasser darin kochen), mit einem Deckel verschließen, etwa 30 Minuten ruhen lassen.
	Für die Füllung
500 g frisch gem. Mohn	mit
375–500 ml (3/8–1/2 l) kochendem Wasser	übergießen, verrühren, quellen lassen, bis eine geschmeidige Masse entstanden ist
100 g Zucker	mit
3 EL Honig	
1 Ei	
abgeriebener Schale von 1 Zitrone (unbehandelt)	
100 g verlesenen Rosinen	unterrühren
250 g säuerliche Äpfel	schälen, entkernen, grob raspeln, unter die Mohnmasse rühren, den Strudelteig auf einem bemehlten großen Tuch (Tischtuch) dünn ausrollen, ihn dann mit den Händen zu einem Rechteck (etwa 50 x 70 cm) ausziehen (er muß durchsichtig sein), die Ränder, wenn sie dicker sind, abschneiden auf 2/3 des Teiges die Füllung streichen (an den kürzeren Seiten etwa 3 cm Teig frei lassen) den Teig mit Hilfe des Tuches, mit der Füllung beginnend, aufrollen, an den Enden gut zusammendrücken, den Strudel auf ein gefettetes Backblech legen, mit etwas von
50 g zerlassener Butter	bestreichen, den Strudel während des Backens mit der restlichen Butter bestreichen
Ober-/Unterhitze	200–220 °C (vorgeheizt)
Heißluft	180–200 °C (nicht vorgeheizt)
Gas	Stufe 3–4 (nicht vorgeheizt)
Backzeit	etwa 50 Minuten den erkalteten Strudel mit
Puderzucker	bestäuben.

Aprikosenzopf

375 g Weizenmehl	in eine Rührschüssel sieben, mit
1 Pck. Trockenhefe	sorgfältig vermischen
50 g Zucker	
1 Pck. Vanillin-Zucker	
1 Prise Salz	
1 Ei	
200 ml lauwarme Milch	
50 g zerlassene, abgekühlte Butter	hinzufügen, die Zutaten mit Handrührgerät mit Knethaken zunächst auf niedrigster, dann auf höchster Stufe in etwa 5 Minuten zu einem Teig verarbeiten, den Teig an einem warmen Ort so lange gehen lassen, bis er sich sichtbar vergrößert hat.
200 g Marzipan-Rohmasse	mit
2 Eigelb	
2 EL Aprikosen-Konfitüre	
4 EL Aprikosenlikör	verrühren
200 g getrocknete Aprikosen	würfeln, zusammen mit
100 g abgezogenen, gehobelten Mandeln	unterheben, den gegangenen Teig aus der Schüssel nehmen, auf der Arbeitsfläche nochmals gut durchkneten den Teig zu einem Rechteck (40 x 30 cm) ausrollen, mit der Füllung bestreichen (Ränder frei lassen), von der längeren Seite her aufrollen, auf ein mit Backpapier belegtes Backblech legen, die Rolle der Länge nach mit einem scharfen Messer durchschneiden, beide Stränge – in der Mitte beginnend – umeinanderschlingen, die Enden gut zusammmendrücken.
	Zum Bestreichen
1 Eigelb	mit
2 EL Milch	verschlagen, den Zopf damit bestreichen, nochmals so lange an einem warmen Ort gehen lassen, bis er sich sichtbar vergrößert hat
Ober-/Unterhitze	etwa 180 °C (vorgeheizt)
Heißluft	etwa 160 °C (nicht vorgeheizt)
Gas	etwa Stufe 3 (vorgeheizt)
Backzeit	etwa 40 Minuten.

	Zum Aprikotieren
4 EL Aprikosen-Konfitüre (durch ein Sieb gestrichen)	unter Rühren kurz aufkochen lassen, das Gebäck sofort nach dem Backen damit bestreichen, erkalten lassen.

Echte Nürnberger Lebkuchen

(Foto Seite 157)

	Für den Teig
2 kleine Eier	
125 g Zucker	mit Handrührgerät mit Rührbesen auf höchster Stufe schaumig schlagen, nach und nach
1 Prise Muskatnuß	
½ TL gem. Nelken	
½ TL gem. Zimt	
2 Tropfen Bittermandel-Aroma	
einige Tropfen Rum-Aroma	
einige Tropfen Zitronen-Aroma	unterrühren
125 g nicht abgezogene gem. Mandeln	
125 g abgezogene, gehackte Mandeln	
125 g feingewürfeltes Zitronat (Sukkade)	unter die Eiermasse rühren, den Teig fingerdick auf
Oblaten (Ø etwa 6 cm)	verstreichen oder als flache Häufchen auf ein gefettetes Backblech setzen, in den Backofen schieben
Ober-/Unterhitze	etwa 180 °C (vorgeheizt)
Heißluft	etwa 160 °C (nicht vorgeheizt)
Gas	etwa Stufe 3 (vorgeheizt)
Backzeit	etwa 20 Minuten.
	Für den Guß
150 g Puderzucker	sieben, mit
2–3 EL heißem Wasser	zu einer dickflüssigen Masse verrühren, die noch warmen Lebkuchen damit bestreichen, mit
Buntzucker	bestreuen.

Nußprinten

etwa 200 g enthäutete Haselnußkerne	halbieren
125 g Sirup (Rübenkraut)	mit
50 g Zucker	
1 Prise Salz	
50 g Margarine oder Butter	
2 EL Milch oder Wasser	langsam erwärmen, zerlassen, in eine Rührschüssel geben, kalt stellen, unter die fast erkaltete Masse mit Handrührgerät mit Rührbesen auf höchster Stufe
50 g braunen Kandiszucker	
3 Tropfen Zitronen-Aroma	
1/2 gestr. TL gem. Anis	
1/2 gestr. TL gem. Nelken	
1/2 gestr. TL gem. Zimt	rühren
250 g Weizenmehl	mit
3 gestr. TL Backpulver	mischen, sieben, 2/3 davon portionsweise auf mittlerer Stufe unterrühren, den Teigbrei mit dem Rest des Mehls auf der Arbeitsfläche zu einem glatten Teig verkneten, sollte er kleben, ihn eine Zeitlang kalt stellen den Teig etwa 1/2 cm dick ausrollen, Rechtecke (etwa 2 1/2 x 7 cm) daraus schneiden, auf ein gefettetes Backblech legen, die Haselnußhälften dicht auf die Teigstücke legen
Ober-/Unterhitze	170–200 °C (vorgeheizt)
Heißluft	150–180 °C (nicht vorgeheizt)
Gas	Stufe 3–4 (vorgeheizt)
Backzeit	etwa 10 Minuten
200–250 g Kuvertüre	in kleine Stücke schneiden, mit
25 g Kokosfett	in einem kleinen Topf im Wasserbad bei schwacher Hitze zu einer geschmeidigen Masse verrühren, die erkalteten Printen damit überziehen.

Apfelkuchen mit Pudding, Rezept Seite 107

Mandel-Schoko-Schnitten, Rezept Seite 112

Feine Weihnachtsstollen, Rezept Seite 128

Marzipan-Quark-Stollen, Rezept Seite 130

Nürnberger Elisenlebkuchen

(Teig für etwa 40 Oblaten, Ø etwa 6 cm)

	Für den Rührteig
75 g Orangeat oder Zitronat (Sukkade)	sehr fein würfeln
125 g nicht abgezogene Mandeln	mahlen
2 Eier	mit Handrührgerät mit Rührbesen auf höchster Stufe in 1 Minute schaumig schlagen
200 g Farinzucker	mit
1 Pck. Vanillin-Zucker	mischen, in 1 Minute einstreuen, dann noch etwa 2 Minuten schlagen
1 Msp. gem. Nelken **1/2 Fläschchen Rum-Aroma** **1–2 Tropfen Zitronen-Aroma**	unterrühren, die Mandeln mit
1 Msp. Backpulver	mischen, mit dem Orangeat (Zitronat) und so viel von
75–125 g gemahlenen Haselnußkernen*	kurz auf niedrigster Stufe unter die Eiercreme rühren, daß der Teig noch streichfähig ist auf jede Oblate einen gehäuften Teelöffel des Teiges geben, mit einem in Wasser getauchten Messer bergförmig auf die ganze Oblate streichen, auf ein Backblech legen
Ober-/Unterhitze	130–150 °C (vorgeheizt)
Heißluft	etwa 120 °C (nicht vorgeheizt)
Gas	Stufe 1–2 (vorgeheizt)
Backzeit	25–30 Minuten.
	Für den hellen Guß
150 g Puderzucker	sieben, mit
1–2 EL heißem Wasser	glattrühren, so daß eine dickflüssige Masse entsteht.
	Für den dunklen Guß
75 g Schokolade	mit
10 g Kokosfett	in einem kleinen Topf im Wasserbad bei schwacher Hitze zu einer geschmeidigen Masse verrühren die Hälfte der Lebkuchen gleich nach dem Backen mit hellem und den Rest mit dunklem Guß bestreichen.

* Die erforderliche Menge Haselnußkerne hängt von der Größe der Eier ab.

Braune Weihnachtskuchen

250 g Honig	mit
125 g Zucker	
1 Prise Salz	
65 g Butter	
65 g Schweineschmalz	
1 EL Milch	langsam erwärmen, zerlassen, in eine Rührschüssel geben, kalt stellen, unter die fast erkaltete Masse mit Handrührgerät mit Rührbesen auf höchster Stufe
5 Tropfen Zitronen-Aroma	
1 gestr. TL gem. Kardamom	
1 gestr. TL gem. Zimt	rühren
500 g Weizenmehl	mit
3 gestr. TL Backpulver	mischen, sieben, 2/3 davon portionsweise auf mittlerer Stufe unterrühren, den Rest des Mehls mit
30 g gemahlenen Haselnußkernen	auf der Arbeitsfläche unter den Teigbrei kneten, sollte er kleben, noch etwas Mehl hinzugeben den Teig dünn ausrollen, zu rechteckigen oder runden Plätzchen ausstechen, auf ein gefettetes Backblech legen, dünn mit
Kondensmilch	bestreichen
Ober-/Unterhitze	etwa 180 °C (vorgeheizt)
Heißluft	etwa 160 °C (nicht vorgeheizt)
Gas	etwa Stufe 4 (vorgeheizt)
Backzeit	etwa 10 Minuten.

Gewürzschnitten

6 schwach gehäufte TL Instant-Kaffee	in einem kleinen Topf mit
250 ml (1/4 l) Wasser	verrühren
200 g Zucker	
40 g Kakaopulver	
175 g Rosinen	dazugeben, unter Rühren zum Kochen bringen, 15 Minuten kochen lassen, kalt stellen
125 g Butter	geschmeidig rühren, nach und nach
65 g gesiebten Puderzucker	
1 Pck. Vanillin-Zucker	
3 Eier	
1/2 gestr. TL Salz	
1 gehäuften TL gem. Zimt	
1 gestr. TL gem. Muskatblüte	
1/2 gestr. TL gem. Nelken	
1/2 gestr. TL gem. Kardamom	
1/2 Fläschchen Rum-Aroma	unterrühren
300 g Weizenmehl	mit
1 gestr. TL Backpulver	mischen, sieben, eßlöffelweise unterrühren, zum Schluß die erkaltete Rosinenmasse unterrühren, den Teig auf ein gefettetes Backblech (38 x 28 cm) streichen, vor den Teig einen mehrfach umgeknickten Streifen Alufolie legen das Backblech in den Backofen schieben
Ober-/Unterhitze	etwa 180 °C (vorgeheizt)
Heißluft	etwa 160 °C (nicht vorgeheizt)
Gas	etwa Stufe 3 (vorgeheizt)
Backzeit	30–40 Minuten
	das erkaltete Gebäck in Rauten schneiden, mit
Puderzucker	bestäuben.

Pfefferkuchenplätzchen

250 g Weizenmehl	mit
2 gestr. TL Backpulver	mischen, in eine Rührschüssel sieben
175 g Zucker 1 Pck. Vanillin-Zucker 1 Msp. gem. Zimt 1 Msp. gem. Nelken 1 Msp. geriebene Muskatnuß 6 Tropfen Zitronen-Aroma 100 g Honig 1 Eigelb 2 EL Milch 125 g Butter oder Margarine 1 Pck. Pudding-Pulver Schokoladenspeise mit gehackten Mandeln 125 g gem. Haselnußkerne	hinzufügen, die Zutaten mit Handrührgerät mit Knethaken zunächst kurz auf niedrigster, dann auf höchster Stufe gut durcharbeiten, anschließend auf der Arbeitsfläche zu einem glatten Teig verkneten, sollte er kleben, ihn eine Zeitlang kalt stellen den Teig dünn ausrollen, mit beliebigen Formen Plätzchen ausstechen, auf ein gefettetes Backblech legen, mit
1 verschlagenen Eiweiß	bestreichen, nach Belieben mit
Schokoladenstreuseln Hagelzucker gehackten Haselnuß- oder Walnußkernen abgezogenen, gehackten Mandeln feingewürfeltem Orangeat oder Zitronat	bestreuen
Ober-/ Unterhitze	180–200 °C (vorgeheizt)
Heißluft	160–180 °C (nicht vorgeheizt)
Gas	Stufe 3–4 (vorgeheizt)
Backzeit	8–10 Minuten.
Abwandlung:	Einen Teil der Plätzchen nicht bestreichen und bestreuen, sondern nach dem Backen mit gefärbtem Puderzucker verzieren.

Pfefferkuchenstreifen

	Für den Teig
150 g Sirup oder Honig	
50 g Zucker	
100 g Butter oder Margarine	langsam erwärmen, zerlassen, in eine Rührschüssel geben, kalt stellen unter die fast erkaltete Masse mit Handrührgerät mit Rührbesen auf höchster Stufe
3 Eigelb	
1 EL Rum	
1 Pck. Vanillin-Zucker	
1 Pck. Lebkuchen-Gewürz	
Salz	rühren
300 g Weizenmehl	mit
2 gestr. TL Backpulver	mischen, sieben, mit Knethaken zunächst kurz auf niedrigster, dann auf höchster Stufe gut durcharbeiten, anschließend auf der Arbeitsfläche zu einem glatten Teig verkneten, eine Zeitlang kalt stellen Teig auf einem gefetteten Backblech ausrollen
200 g Aprikosen-Konfitüre	durch ein Sieb streichen, auf den Teig streichen.
	Für den Belag
2 Eiweiß	mit
100 g Zucker	
125 g abgezogenen, gem. Mandeln	
$1/2$ TL gem. Zimt	bei schwacher Hitze erhitzen, erkalten lassen
1 Eiweiß	steif schlagen, unterziehen, Masse auf der Konfitüre verteilen
Ober-/Unterhitze	170–200 °C (vorgeheizt)
Heißluft	150–180 °C (nicht vorgeheizt)
Gas	Stufe 3–4 (vorgeheizt)
Backzeit	etwa 20 Minuten Gebäck erkalten lassen, in Streifen (5 x 2 cm) schneiden.

Spitzkuchen

	Für den Teig
175 g Sirup	
50 g Zucker	
1 Prise Salz	
2 EL Speiseöl	langsam erwärmen, zerlassen, in eine Rührschüssel geben, kalt stellen, unter die fast erkaltete Masse mit einem Handrührgerät mit Rührbesen auf höchster Stufe
1 Ei	
1 gehäuften TL Kakao	
6 Tropfen Zitronen-Aroma	
1 Msp. gem. Nelkenpfeffer (Piment)	
1 gestr. TL gem. Zimt	rühren
250 g Weizenmehl	mit
3 gestr. TL Backpulver	mischen, sieben, 2/3 davon eßlöffelweise auf mittlerer Stufe unterrühren, den Teigbrei mit dem Rest des Mehls,
75 g abgezogenen, gehackten Mandeln,	auf der Arbeitsfläche zu einem glatten Teig verkneten, sollte er kleben, ihn eine Zeitlang kalt stellen aus dem Teig knapp 2 cm dicke Rollen in der Länge des Backblechs formen, nicht zu dicht nebeneinander auf ein gefettetes Backblech legen, etwas flachdrücken hellbraun backen
Ober-/Unterhitze	etwa 180 °C (vorgeheizt)
Heißluft	etwa 160 °C (nicht vorgeheizt)
Gas	etwa Stufe 3 (vorgeheizt)
Backzeit	etwa 20 Minuten die erkalteten Rollen in Dreiecke schneiden.
	Für den Guß
200 g Zartbitter-Kuvertüre	in einem kleinen Topf im Wasserbad bei schwacher Hitze zu einer geschmeidigen Masse verrühren, die Dreiecke damit überziehen.
Tip:	Zum Überziehen mit Kuvertüre die Dreiecke auf einen Kuchenrost mit untergelegtem Pergamentpapier oder direkt auf Pergamentpapier setzen.

Würziger Honigkuchen

	Für den Teig
175 g Honig	kurz aufkochen lassen, kalt stellen
200 g Zucker	mit
1 Pck. Vanillin-Zucker	
3 Eier	
1 gut geh. TL gem. Zimt	
1 Msp. gem. Nelken	
abgeriebener Schale von ½ Zitrone (unbehandelt)	nach und nach mit einem Handrührgerät mit Rührbesen auf höchster Stufe unterrühren
500 g Weizenmehl	mit
1 Pck. Backpulver	mischen, sieben, eßlöffelweise auf mittlerer Stufe unterrühren den Teig auf ein gefettetes Backblech geben, leicht mit Mehl bestäuben, etwa 1 cm dick ausrollen, in Abständen so mit
etwa 100 g geviertelten Walnußkernen	belegen, daß sich nach dem Schneiden die Nüsse in der Mitte der einzelnen Stücke befinden (Größe nach Belieben), Backblech in den Backofen schieben
Ober-/Unterhitze	etwa 180 °C (vorgeheizt)
Heißluft	etwa 160 °C (nicht vorgeheizt)
Gas	etwa Stufe 3 (vorgeheizt)
Backzeit	etwa 25 Minuten.
	Für den Guß
50 g Zucker	mit
2 EL Wasser	zum Kochen bringen, unter ständigem Rühren etwa 1 Minute kochen lassen das noch warme Gebäck mit dem Guß bestreichen nach dem Erkalten in Stücke schneiden.

Honigkuchenpferd

	Für den Teig
500 g Honig	mit
75 g Schweineschmalz	
2 EL Wasser	unter Rühren zerlassen
2 Pck. Lebkuchengewürz	unterrühren
250 g Roggenmehl	mit
250 g Weizenmehl	
1 Pck. Backpulver	mischen, auf die Honig-Schmalz-Masse sieben, einen Teil des Mehlgemisches unterrühren, den Rest mit
100 g gewürfeltem	
Zitronat	unterkneten, zuletzt evtl.
etwas Weizenmehl	unterkneten den Teig etwa 1 cm dick auf der mit
Weizenmehl	bestäubten Arbeitsfläche ausrollen, auf ein gut gefettetes Backblech legen, eine Papier-Schablone darauflegen und mit einem spitzen Messer das Pferd ausschneiden das Honigkuchenpferd mit
Wasser	bestreichen, mit
100 g abgezogenen,	
halbierten Mandeln	garnieren, die Mandeln mit
verschlagenem Eiweiß	bestreichen, das Backblech in den vorgeheizten Backofen schieben
Ober-/Unterhitze	etwa 180 °C (vorgeheizt)
Heißluft	etwa 160 °C (nicht vorgeheizt)
Gas	etwa Stufe 3 (vorgeheizt)
Backzeit	etwa 25 Minuten Das gebackene Honigkuchenpferd erkalten lassen.
	Zum Verzieren
etwa 100 g gesiebten	
Puderzucker	mit
2–3 EL Wasser	zu einer dickflüssigen Masse verrühren, aus Pergamentpapier ein Tütchen formen, die Puderzucker-Masse hineingeben ein Stück von der Tütchen-Spitze abschneiden, so daß die Masse in einer dünnen Linie aus dem Tütchen gedrückt werden kann das Pferd damit verzieren.

Honigkuchen-Pärchen

250 g Honig	mit
100 g Zucker	
1 Pck. Vanillin-Zucker	
1 Ei	
1 gestr. EL gem. Zimt	
1 Msp. gem. Nelken	
1 Msp. gem. Muskatblüte	
3 Tropfen Zitronen-Aroma	
1/2 Fläschchen Rum-Aroma	mit einem Rührlöffel gut verrühren
500 g Weizenmehl	mit
1 Pck. Backpulver	mischen, sieben, 2/3 davon unterrühren, den Rest unterkneten den Teig gut 1 cm dick ausrollen Figuren ausschneiden (am besten nach Papierschablonen), auf ein gefettetes Backblech legen, mit
Dosenmilch	bestreichen, nach Belieben mit
Gebäck-Schmuck, Zuckerschrift oder mit Mandeln	
Belegkirschen	
Rosinen	
Pistazienkernen	
Schoko-Blättchen	
Zitronat (Sukkade)	garnieren, in den vorgeheizten Backofen schieben
Ober-/Unterhitze	etwa 200 °C (vorgeheizt)
Heißluft	etwa 180 °C (nicht vorgeheizt)
Gas	etwa Stufe 4
Backzeit	etwa 25 Minuten nach dem Erkalten mit
Gebäckschmuck	
Schokoblättchen	garnieren.

Honigkuchen vom Blech

200 g Honig	leicht erwärmen, mit
375 g Weizenmehl	
2 Eiern	
100 g feingewürfeltem Zitronat	
5 g gem. Zimt	
5 gem. Nelken	
5 g Pottasche	
100 g abgezogenen, gem. Mandeln	
125 g Zucker	
75 g weicher Butter	in eine Rührschüssel geben, mit Handrührgerät mit Knethaken zu einem glatten Teig verkneten, den Teig abdecken und über Nacht ruhen lassen den Teig nochmals durchrühren, auf einem gefetteten Backblech ausrollen und backen
Ober-/Unterhitze	etwa 180 °C (vorgeheizt)
Heißluft	etwa 160 °C (nicht vorgeheizt)
Gas	Stufe 3–4 (vorgeheizt)
Backzeit	etwa 20 Minuten nach dem Backen in längliche Stücke oder Rauten schneiden.
Tip:	Mit Apfel- oder Birnenkraut und Butter reichen.

Glasierter Honigkuchen

	Für den Teig
500 g Honig	mit
75 g Zucker	
1 Pck. Vanillin-Zucker	
100 g Butter	
1 TL Instant-Kaffee	
2 EL Milch	langsam erwärmen, zerlassen, in eine Rührschüssel geben, kalt stellen, unter die fast erkaltete Masse mit Handrührgerät mit Rührbesen auf höchster Stufe nach und nach
2 Eier	
1 Prise Salz	
1 gestr. EL gem. Zimt	
1/2 gestr. TL gem. Nelken	
1/2 gestr. TL gem. Ingwer	
1/2 gestr. TL gem. Kardamom	
2 Tropfen Bittermandel-Aroma	rühren
500 g Weizenmehl	mit
1 Pck. Backpulver	mischen, sieben, portionsweise auf mittlerer Stufe unterrühren
100 g gehackte Haselnußkerne	
50 g feingewürfeltes Zitronat (Sukkade)	zuletzt unter den Teig heben den Teig etwa 1 cm dick auf ein gefettetes Backblech (38 x 28 cm) streichen, vor den Teig ein mehrfach umgeknicktes Stück Backpapier legen den Teig so mit
50 g abgezogenen, halbierten Mandeln	belegen, daß sich nach dem Backen Quadrate von etwa 8 x 8 cm schneiden lassen, das Backblech in den Backofen schieben
Ober-/Unterhitze	etwa 180 °C (vorgeheizt)
Heißluft	etwa 160 °C (nicht vorgeheizt)
Gas	etwa Stufe 3 (vorgeheizt)
Backzeit	25–30 Minuten.
	Zum Bestreichen in einem kleinen Topf
50 g Zucker	
2 EL Wasser	unter Rühren kurz aufkochen lassen, das noch heiße Gebäck damit bestreichen.

Gefüllter Honigkuchen

	Für den Teig
200 g Honig oder Sirup	mit
100 g Zucker	
1 Prise Salz	
50 g Butter oder Margarine	
1 EL Wasser	langsam erwärmen, zerlassen, in eine Rührschüssel geben, kalt stellen, unter die fast erkaltete Masse mit Handrührgerät mit Rührbesen auf höchster Stufe
1 Ei	
1 gestr. TL gem. Zimt	
2 Tropfen Bittermandel-Aroma	rühren
500 g Weizenmehl	mit
1 Pck. Backpulver	mischen, sieben, 2/3 davon portionsweise auf mittlerer Stufe unterrühren, den Teigbrei mit dem Rest des Mehls auf der Arbeitsfläche zu einem glatten Teig verarbeiten, sollte er kleben, noch etwas Mehl hinzugeben 2/3 des Teiges auf einem gefetteten Backblech ausrollen (reicht für 3/4 eines Blechs), an den Seiten etwas hochdrücken, den übrigen Teig passend zu einer Decke ausrollen, mit Papier aufwickeln, beiseite legen, den Teig gleichmäßig mit
etwa 375 g nicht zu süßer Konfitüre	bestreichen, die Teigdecke darauf legen, mit einer Gabel mehrmals einstechen, in den Backofen schieben
Ober-/Unterhitze	etwa 200 °C (vorgeheizt)
Heißluft	etwa 180 °C (nicht vorgeheizt)
Gas	etwa Stufe 4 (vorgeheizt)
Backzeit	etwa 20 Minuten.
	Für den Guß
100 g Puderzucker	sieben, mit
2 EL Zitronensaft	glattrühren, so daß eine dickflüssige Masse entsteht, sofort nach dem Backen das Gebäck damit bestreichen, in gleichmäßige Streifen von etwa 3 x 9 cm schneiden.

Feiner Honigkuchen

	Für den Teig
375 g Honig	mit
125 g Zucker	
1 Pck. Vanillin-Zucker	
100 g Margarine	
100 g Schweineschmalz	langsam erwärmen, zerlassen, in eine Rührschüssel geben, kalt stellen, unter die fast erkaltete Masse mit Handrührgerät mit Rührbesen auf höchster Stufe
2 Eier	
3 gestr. TL gem. Zimt	
½ gestr. TL gem. Kardamom	
½ gestr. TL gem. Nelken	
4 Tropfen Bittermandel-Aroma	
1 Fläschchen Rum-Aroma	
abgeriebene Schale von 1 Orange (unbehandelt)	rühren
500 g Weizenmehl	mit
1 Pck. Backpulver	
30 g Kakaopulver	mischen, sieben, nach und nach portionsweise abwechselnd auf mittlerer Stufe mit
knapp 125 ml (⅛ l) Milch	unterrühren
150 g Korinthen	verlesen
100 g Haselnußkerne	grob hacken
100 g Zitronat (Sukkade)	in kleine Würfel schneiden
	die Zutaten zuletzt unter den Teig rühren, ihn gut 1 cm dick auf ein gefettetes Backblech (38 x 28 cm) streichen, vor den Teig ein mehrfach umgeknicktes Stück Alufolie legen, in den Backofen schieben
Ober-/Unterhitze	170–200 °C (vorgeheizt)
Heißluft	150–170 °C (nicht vorgeheizt)
Gas	Stufe 3–4 (vorgeheizt)
Backzeit	25–30 Minuten
	den Honigkuchen auf dem Backblech erkalten lassen.

	Für den Guß
150 g Puderzucker	mit
30 g Kakao	mischen, sieben, mit
etwa 2 EL heißem Wasser	glattrühren, so daß eine dickflüssige Masse entsteht
20 g Kokosfett	zerlassen, heiß darunter rühren, den Kuchen damit bestreichen, sofort mit einem scharfen Messer in Stücke von 6 x 6 cm schneiden.

Honigkuchen

(Foto Seite 158)

	Für den Teig
250 g Honig	
125 g Margarine oder Butter	in einem Topf unter Rühren langsam erwärmen, zerlassen, in eine Rührschüssel geben, kalt stellen, unter die fast erkaltete Masse mit Handrührgerät mit Rührbesen auf höchster Stufe
2 Eier	
1 Pck. Lebkuchengewürz	
1 Pck. Feine Zitroneschale	rühren
375 g Weizenmehl	mit
1 Pck. Backpulver	
2 TL Kakaopulver	mischen, sieben, eßlöffelweise auf mittlerer Stufe unterrühren
100 g Korinthen	
100 g gemahlene Haselnußkerne	unterrühren, den Teig auf ein gut gefettetes Backblech (38 x 28 cm) streichen, mit
etwas Milch	bestreichen, mit
100 g abgezogenen, gehobelten Mandeln	bestreuen
Ober-/Unterhitze	etwa 170 °C (vorgeheizt)
Heißluft	etwa 150 °C (nicht vorgeheizt)
Gas	etwa Stufe 3 (vorgeheizt)
Backzeit	etwa 20 Minuten.
	Zum Aprikotieren
5 EL Aprikosen-Maracuja-Konfitüre	durch ein Sieb streichen, den Kuchen sofort nach dem Backen damit bestreichen, erkalten lassen.
	Für den Guß
200 g Halbbitter-Schokolade	in kleine Stücke brechen, mit
25 g Kokosfett	in einem kleinen Topf im Wasserbad bei schwacher Hitze zu einer geschmeidigen Masse verrühren, auf den erkalteten Kuchen streichen, nach Belieben garnieren, wenn der Guß fest geworden ist, den Kuchen in beliebig große Stücke schneiden, in einer gut schließenden Dose aufbewahren.

Pikantes vom Blech

Brotpizza

(Foto Seite 159)

	Für den Teig
400 g g Weizenmehl	in eine Rührschüssel sieben, mit
1 Pck. Trocken-Backhefe	sorgfältig vermischen
1 TL Zucker	
1/2 gestr. TL Salz	
4 EL Speiseöl	
250 ml (1/4 l) lauwarmes Wasser	hinzufügen, die Zutaten mit Handrührgerät mit Knethaken zunächst auf niedrigster, dann auf höchster Stufe in etwa 5 Minuten zu einem Teig verarbeiten, sollte er kleben, noch etwas Mehl hinzufügen (aber nicht zu viel, der Teig muß weich bleiben), den Teig abgedeckt so lange an einem warmen Ort stehenlassen, bis er sich sichtbar vergrößert hat oder
1 Pck. Brotmischung	nach der Vorschrift auf der Packung, aber nur mit
200 ml lauwarmem Wasser	zubereiten, gehen lassen, den gegangenen Teig mit
Weizenmehl	bestäuben, kurz durchkneten, den Teig auf einem gefetteten Backblech etwa 1/2 cm dick ausrollen.
	Für den Belag
250 g Zwiebeln	abziehen, in Würfel schneiden, mit
4 EL Tomatenmark	in
2 EL Speiseöl	unter Rühren glasig dünsten
500 g Tomaten	kurze Zeit in kochendes Wasser legen, in kaltem Wasser abschrecken, enthäuten, in Scheiben schneiden die Zwiebelmasse auf den Teig streichen, Tomaten und
200 g gedünstete Champignonscheiben	
200 g Salamischeiben oder gekochten Schinken	
275 g Gouda-Käse-Scheiben	darauf verteilen, nach Belieben
3–4 Peperoni (aus dem Glas)	dazugeben, die Pizza mit
Pfeffer	
gerebeltem Oregano	bestreuen, einen mehrfach geknickten Streifen Alufolie vor den Teig legen, den Teig nochmals 15 Minuten an einem warmen Ort gehen lassen, in den Backofen schieben
Ober-/Unterhitze	etwa 200 °C (vorgeheizt)
Heißluft	etwa 180 °C (nicht vorgeheizt)
Gas	etwa Stufe 4 (vorgeheizt)
Backzeit	etwa 30 Minuten.

Echte Nürnberger Lebkuchen, Rezept Seite 135

Honigkuchen, Rezept Seite 154

Brotpizza, Rezept Seite 156

Champignon-Pizza, Rezept Seite 163

Pizza

	Für den Teig
300 g Weizenmehl	in eine Rührschüssel sieben, mit
1 Pck. Trockenhefe	sorgfältig vermischen
1/2 TL Zucker	
1 TL Salz	
3 EL Speiseöl	
1/8 l (125 ml) lauwarmes Wasser	hinzufügen, alle Zutaten mit Handrührgerät mit Knethaken zuerst auf der niedrigsten, dann auf der höchsten Stufe in 5 Minuten zu einem Teig verkneten, den Teig an einem warmen Ort so lange stehenlassen, bis er etwa doppelt so hoch ist, ein Backblech (38 x 28 cm) fetten, den Teig darauf ausrollen, ihn nochmals so lange an einem warmen Ort stehenlassen, bis er etwa doppelt so hoch ist.
	Für den Belag
500 g Tomaten	waschen
etwa 200 g Champignons (aus der Dose)	abtropfen lassen
100 g Salami	
1 Glas grüne Oliven (85–90 g)	die 4 Zutaten in Scheiben schneiden
100 g gekochten Schinken	in Würfel schneiden die Teigplatte mit
1–2 EL Speiseöl	bestreichen, den Belag gleichmäßig darauf verteilen, mit
1 TL Oregano	bestreuen, das Backblech in den Backofen setzen
250 g Schafskäse	abtropfen lassen, in kleine Stücke zerbröckeln (evtl. etwas abspülen), mit
50 g geriebenem Käse, z.B. Emmentaler	etwa 15 Minuten vor Beendigung der Backzeit über die Pizza verteilen
Ober-/Unterhitze	etwa 200 °C (vorgeheizt)
Heißluft	etwa 180 °C (nicht vorgeheizt)
Gas	etwa Stufe 4 (vorgeheizt)
Backzeit	etwa 30 Minuten.
Beigabe:	Grüner Salat.

Pizza vom Blech

	Für die Sauce
2 Zwiebeln	
2 Knoblauchzehen	abziehen, fein würfeln
2 EL Olivenöl	erhitzen, Zwiebeln und Knoblauch darin andünsten
200 g passierte Tomaten (Fertigprodukt)	
2 EL Tomatenmark	
1 EL gerebelten Oregano	
1 TL gerebeltes Basilikum	
1 TL Salz	
frisch gemahlener Pfeffer	dazugeben, die Sauce aufkochen, dann 5 Minuten bei schwacher Hitze köcheln, dann abkühlen lassen.
	Für den Teig
400 g Weizenmehl (Type 405 oder 550)	mit
220 ml lauwarmem Wasser	
1 Pck. Frisch-Hefe	
2 EL Olivenöl	
2 TL Salz	mit Handrührgerät mit Knethaken zu einem elastischen Teig verkneten, auf einem gefetteten Backblech (38 x 28 cm) ausrollen, 10 Minuten abgedeckt gehen lassen.
	Für den Belag
200 g Artischockenherzen (aus dem Glas)	abtropfen lassen, halbieren
2 Tomaten	
120 g Champignons	
1 kleine Zucchini	putzen, evtl. waschen, in Scheiben schneiden
50 g schwarze Oliven	
2 EL abgetropfte Kapern	bereitstellen, die Tomatensauce auf dem Teig verteilen, das Gemüse auf der Tomatensauce verteilen
125 g abgetropften Mozzarella	in dünne Scheiben schneiden
80 g Gouda	raspeln
70 g Gorgonzola	in Würfel schneiden, die Käsesorten über das Gemüse streuen, bzw. darauf legen
1 EL gerebelten Oregano	darüberstreuen, in den Backofen schieben
Ober-/Unterhitze	etwa 200 °C (vorgeheizt)
Heißluft	etwa 180 °C (nicht vorgeheizt)
Gas	etwa Stufe 4 (vorgeheizt)
Backzeit	etwa 25 Minuten.

Champignonpizza

(Foto Seite 160)

250 g Weizenmehl	in eine Schüssel sieben, mit
1 TL Salz	mischen, eine Mulde hineindrücken
20 g Frischhefe	hineinbröckeln
125 ml (1/8 l) lauwarmes Wasser	
1 EL Olivenöl	darüber geben, die Hefe darin auflösen, 10 Minuten gehen lassen, dann zu einem Teig verkneten, zugedeckt etwa 1/2 Stunde an einem warmen Ort gehen lassen
1 Zwiebel	
1 Knoblauchzehe	abziehen, würfeln
2 EL Olivenöl	erhitzen, Zwiebel, Knoblauch darin andünsten
400 g Tomaten (aus der Dose)	mit Saft dazugeben, Tomaten zerdrücken
1 EL gehacktes Basilikum	unterrühren, mit
Salz	
frisch gemahlenem Pfeffer	würzen, einkochen lassen, den Teig zu einer runden Platte (Ø etwa 30 cm) ausrollen, auf eine gefettetes Backblech legen, mit der Tomatensauce bestreichen
300 g Champignons	putzen, evtl. abspülen, in Scheiben schneiden
300 g Mozzarella-Käse	in Scheiben schneiden, mit den Pilzen auf dem Teig verteilen, mit
Olivenöl	beträufeln, mit
Petersilie	bestreuen, in den Backofen schieben
Ober-/Unterhitze	etwa 200 °C (vorgeheizt)
Heißluft	etwa 180 °C (nicht vorgeheizt)
Gas	etwa Stufe 5 (vorgeheizt)
Backzeit	etwa 25 Minuten.
Tip:	Anstelle der Frischhefe 1 Päckchen Trockenhefe verwenden.

Drei-Pilze-Pizza

	Für den Teig
250 g Weizenmehl	in eine Schüssel sieben, mit
Salz	mischen, eine Vertiefung eindrücken
20 g Frischhefe	hineinbröckeln
125 ml (1/8 l) lauwarmes Wasser	
1/2 TL Olivenöl	darüber geben, die Hefe darin auflösen, mit Mehl bedecken, diesen „Vorteig" etwa 10 Minuten an einem warmen Ort stehem lassen, danach die Zutaten von der Mitte aus mit den Händen zu einem lockeren, glatten Teig verkneten, zu einer Kugel formen, über Kreuz einschneiden, mit etwas
Weizenmehl	bestäuben, zugedeckt etwa 1/2 Stunde an einem warmen Ort gehen lassen.
	Für den Belag
je 200 g Pfifferlinge, Steinpilze und Champignons	putzen, abspülen, kleinschneiden
4 Schalotten	abziehen, fein würfeln
100 g Butter	zerlassen, Zwiebelwürfel darin andünsten, Pilze hinzufügen, mitdünsten lassen
1 Knoblauchzehe	abziehen, zerdrücken, mit
3 EL feingeschnittenem Schnittlauch	
3 EL gehackter Petersilie	zu den Pilzen geben, mit
Salz	
Pfeffer	würzen, den Pizzateig zu einer runden Platte (Ø etwa 28 cm) ausrollen, auf ein mit wenig
Olivenöl	bestrichenes Back- oder Pizzablech legen, den Belag gleichmäßig darauf verteilen
400 g geriebenem Gruyèrekäse	darüber streuen, die Pizza in den Backofen schieben
Ober-/Unterhitze	etwa 200 °C (vorgeheizt)
Heißluft	etwa 180 °C (nicht vorgeheizt)
Gas	etwa Stufe 4 (vorgeheizt)
Backzeit	etwa 25 Minuten.
Tip:	Anstelle der Frischhefe 1 Päckchen Trockenhefe verwenden.

Bunte Pizza

(Foto Seite 177)

	Für den Teig
300 g Weizenmehl	in eine Rührschüssel sieben, mit
1 Pck. Trockenhefe	sorgfältig mischen
1 Prise Salz	
4 EL Speiseöl	
200 ml warmes Wasser	hinzufügen, mit Handrührgerät mit Knethaken zunächst auf niedrigster, dann auf höchster Stufe in etwa 5 Minuten zu einem Teig verarbeiten, den Teig zugedeckt so lange an warmem Ort stehen lassen, bis er sich sichtbar vergrößert hat, Teig zu einer Platte (Ø 25 cm) ausrollen, auf ein gefettetes Backblech legen.
	Für den Belag
1 Becher (150 g) Crème fraîche	mit
30 g gem. Mandeln	
1 Eigelb	verrühren, mit
Salz	
frisch gemahlenem Pfeffer	abschmecken, Teig damit bestreichen
100 g Frühlingszwiebeln	putzen, waschen, in Röllchen schneiden, von
4 Tomaten	die Stengelansätze entfernen, waschen, in Scheiben schneiden
150 g Zucchini	putzen, die Stengelansätze abschneiden, in Stücke schneiden
200 g Schweinefilet	abspülen, trockentupfen, in Streifen schneiden, kurz anbraten, salzen und pfeffern
150 g Thunfisch (aus der Dose)	abtropfen lassen, zerpflücken. Zutaten auf der Pizza verteilen, mit
1 TL roten Pfefferkörner	
100 g geraspelter Gouda-Käse	bestreuen, die Pizza in den Backofen schieben
Ober-/Unterhitze	etwa 200 °C (vorgeheizt)
Heißluft	etwa 180 °C (nicht vorgeheizt)
Gas	etwa Stufe 4 (vorgeheizt)
Backzeit	etwa 25 Minuten.

Quarkpizza

250 g Weizenmehl	in eine Rührschüssel sieben, mit
1 Pck. Trockenhefe	sorgfältig vermischen
3 EL Speiseöl	
1/2 TL Salz	
1/2 TL Zucker	
125 ml (1/8 l)	
lauwarmes Wasser	hinzufügen, alles mit Handrührgerät mit Knathaken zu einem glatten Teig verkneten, sollte er kleben, etwas
Weizenmehl	hinzufügen, Teig an einem warmen Ort gehen lassen, bis er doppelt so hoch ist, nochmals durchkneten, zu einer runden Platte ausrollen, auf ein gefettetes Backblech (38 x 28 cm) legen
200 g Magerquark	mit
100 g geriebenem Schafskäse	
2 Eiern	verrühren, auf dem Teig verteilen
4 Tomaten	waschen, abtrocknen, die Stengelansätze entfernen, die Tomaten in Scheiben schneiden, mit
50 g Salami (in Scheiben)	auf der Quarkcreme verteilen, mit
Salz, Pfeffer	
Oregano	bestreuen
50 g Emmentaler	raspeln, über die Pizza streuen, in den Backofen schieben
Ober-/Unterhitze	etwa 200 °C (vorgeheizt)
Heißluft	etwa 180 °C (nicht vorgeheizt)
Gas	etwa Stufe 4 (vorgeheizt)
Backzeit	etwa 30 Minuten.

Party-Pizzas

	Für den Teig
500 g Weizenmehl	in eine Rührschüssel sieben, mit
1 Pck. Trockenhefe	sorgfältig vermischen
1 TL Zucker	
2 TL Salz	
1 Msp. Paprikapulver	
2 Eier	
125 ml (1/8 l)	
lauwarme Milch	

100 g zerlassene, abgekühlte Butter oder Margarine	hinzufügen, die Zutaten mit Handrührgerät mit Knethaken zunächst auf niedrigster, dann auf höchster Stufe in etwa 5 Minuten zu einem Teig verarbeiten, den Teig so lange an einem warmen Ort stehenlassen, bis er sich sichtbar vergrößert hat.
	Für den Belag
250 g Artischockenherzen (aus der Dose)	
4 Ananasscheiben (aus der Dose)	
175 g gekochte Spargelstücke	
150 g gedünstete Champignons	
175 g Mandarinenspalten (aus der Dose)	die Zutaten abtropfen lassen
4 Tomaten	waschen, abtrocknen, die Stengelansätze herausschneiden, die Tomaten in Scheiben schneiden
125 g Salamischeiben	
125 g gekochte Schinkenscheiben	beide Zutaten in größere Stücke schneiden den gegangenen Teig auf höchster Stufe nochmals kurz durchkneten, den Teig zu einer Rolle formen, in 8 gleich große Stücke teilen, jedes Stück etwas ausrollen, auf ein gefettetes Backblech legen, zu einer ovalen Form auseinanderdrücken, die Teigstücke beliebig belegen, mit
Salz	
Pfeffer	
gerebeltem Oregano	
gerebeltem Majoran	bestreuen
250 g Emmentaler Käse	grob raspeln, auf den Pizzen verteilen, die Teigstücke nochmals so lange an einem warmen Ort gehen lassen, bis sie sich sichtbar vergrößert haben, in den Backofen schieben
Ober-/Unterhitze	etwa 200 °C (vorgeheizt)
Heißluft	etwa 180 °C (nicht vorgeheizt)
Gas	etwa Stufe 4 (vorgeheizt)
Backzeit	etwa 15 Minuten die Pizzas mit
gehackter Petersilie	bestreuen.

Käsepizza

(Foto Seite 178)

	Für den Teig
375 g Weizen-vollkornmehl	in eine Rührschüssel geben, mit
1 Pck. Trockenhefe	sorgfältig mischen
1 TL gem. Koriander	
1 TL Meersalz	
1 TL gem. Kümmel	
2 Eier	
150 ml lauwarme Milch	
50 g zerlassene, abgekühlte Butter	hinzufügen, mit Handrührgerät mit Knethaken auf niedrigster Stufe zu einem glatten Teig verarbeiten, zugedeckt an einem warmen Ort so lange gehen lassen, bis der Teig sich verdoppelt hat, nochmals durchkneten, auf einem gefetteten Blech (38 x 28 cm) ausrollen.
	Für den Belag
200 g Zwiebeln	abziehen, würfeln, in
30 g Butter	glasig dünsten, abkühlen lassen
400 g Fleischtomaten	waschen, die Stengelansätze herausschneiden, die Tomaten in Scheiben schneiden
4 Peperoni	putzen, waschen, in Scheiben schneiden
400 g Appenzeller Käse	grob würfeln, die Zutaten auf dem Teig verteilen.
	Für den Guß
200 g saure Sahne	
200 ml Schlagsahne	
3 Eier	
3 EL Weizenvoll-kornmehl	
1 TL Meersalz	
gemahlenen Pfeffer	
geriebene Muskatnuß	hinzufügen, mit Handrührgerät mit Rührbesen gut verrühren, über den Belag gießen mit
3 EL ganzem Kümmel	bestreuen, das Backblech in den Backofen schieben
Ober-/Unterhitze	etwa 200 °C (vorgeheizt)
Heißluft	etwa 180 °C (nicht vorgeheizt)
Gas	etwa Stufe 4 (vorgeheizt)
Backzeit	etwa 30 Minuten.

Delikateßpizza

400 g Weizenvoll-kornmehl	in eine Schüssel geben, mit
1 Pck. Trockenhefe	sorgfältig mischen
1 TL Meersalz	
6 EL Speiseöl	
125 ml (1/8 l) lauwarme Milch	
125 ml (1/8 l) lauwarmes Wasser	hinzufügen, die Zutaten mit Handrührgrät mit Knethaken zunächst auf niedrigster, dann auf höchster Stufe in etwa 5 Minuten zu einem Teig verarbeiten, den Teig so lange an einem warmen Ort stehen lassen, bis er sich sichtbar vergrößert hat.
	Für den Belag
3 EL Speiseöl	in einem Topf erhitzen
2 abgezogene, gewürfelte Zwiebeln	darin glasig dünsten, kalt stellen
500 g Champignon-scheiben (aus der Dose)	
2 rote Paprikaschoten	entstielen, entkernen, waschen, in feine Streifen schneiden
200 g blaue Weintrauben	waschen, halbieren, entkernen
300–400 g Gouda-Käse	in kleine Würfel schneiden, den Hefeteig nochmals kurz durchkneten, auf einem gefetteten Backblech (38 x 28 cm) ausrollen, mit den Zutaten der Reihenfolge nach belegen, den Teig nochmals an einem warmen Ort stehen lassen, bis er sich sichtbar vergrößert hat, vor den Teig einen mehrfach umgeknickten Streifen Alufolie legen.
	Für den Guß
1 Becher (150 g) saure Sahne	
1/4 TL Meersalz	
frisch gemahlenem Pfeffer	
Paprikapulver	mit
2 Eiern	verschlagen
2 EL geraffelten Käse	
1 Bund Petersilie	darunterrühren, über die Zutaten gießen, das Backblech in den Backofen schieben
Ober-/Unterhitze	etwa 200 °C (vorgeheizt)
Heißluft	etwa 180 °C (nicht vorgeheizt)
Gas	etwa Stufe 4 (vorgeheizt)
Backzeit	etwa 30 Minuten.

Feuerpizza und Pizza di scampi

	Für den Teig
300 g Weizenmehl	in eine Schüssel sieben, mit
1 Pck. Trockenhefe	sorgfältig vermischen
4 EL Speiseöl	
1 gestr. TL Salz	
knapp 125 ml (1/8 l)	
lauwarme Milch	hinzufügen, alles mit Handrührgerät mit Knethaken zuerst auf der niedrigsten, dann auf der höchsten Stufe in etwa 5 Minuten zu einem Teig verarbeiten, sollte er kleben, noch etwas Mehl hinzufügen, den Teig an einem warmen Ort so lange gehen lassen, bis er doppelt so hoch ist, ihn dann auf der gemehlten Arbeitsfläche kurz durchkneten, den Teig halbieren, jede Teighälfte auf Backpapier zu einer runden Platte (Ø etwa 26 cm) ausrollen, die eine Pizza auf ein Backblech legen.
	Für den Belag Feuerpizza
4 EL Tomatenmark	kräftig mit
Cayennepfeffer	abschmecken, auf einen der beiden Teigböden streichen
etwa 175 g	
Schweizer Käse	in Würfel schneiden, daraufgeben
175 g Salamischeiben	halbieren, zu Tüten formen, zwischen die Käsewürfel setzen
3 Scheiben Ananas	
(aus der Dose)	halbieren, auf dem Käse anordnen
1–2 Peperoni	
(aus dem Glas)	längs halbieren, entkernen, die Pizza damit garnieren, mit
Cayennepfeffer	
gerebeltem Oregano	bestreuen, mit
etwa 1 EL Speiseöl	beträufeln
	das Backblech in den Backofen schieben
Ober-/Unterhitze	etwa 200 °C (vorgeheizt)
Heißluft	etwa 180 °C (nicht vorgeheizt)
Gas	etwa Stufe 4 (vorgeheizt)
Backzeit	etwa 25 Minuten.

	Für den Belag Pizza di scampi
125 g gekochten Schinken	
etwa 200 g Schweizer Käse	beide Zutaten in nicht zu kleine Würfel schneiden, mit
125–175 g Scampi	vermengen, mit
Salz	
Pfeffer	
Paprika edelsüß	würzen, gleichmäßig auf dem zweiten Teigboden verteilen, nach Belieben mit
einigen spanischen Oliven mit Paprika gefüllt	garnieren, mit Paprika,
gerebeltem Oregano	bestreuen, mit
etwa 1 EL Speiseöl	beträufeln, das Backblech in den Backofen schieben
Ober-/Unterhitze	etwa 200 °C (vorgeheizt)
Heißluft	etwa 180 °C (nicht vorgeheizt)
Gas	etwa Stufe 4 (vorgeheizt)
Backzeit	etwa 25 Minuten.
Tip:	Statt 2 runde Pizzen auszurollen, den ganzen Teig auf ein gefettetes Backblech ausrollen und je zur Hälfte mit den Auflagen belegen. Möchte man die Pizza etwas würziger, dann etwas geriebenen Käse darauf verteilen.

Geflügelpizza

200 g Staudensellerie	
1 Stange Porree (Lauch)	putzen, waschen, in Scheiben schneiden
1 rote Paprikaschote	putzen, waschen, in dünne Streifen schneiden
1 Zwiebel	abziehen, würfeln
3 EL Speiseöl	erhitzen, Gemüse 5 Minuten dünsten, mit
Salz	
Pfeffer	
Kräutern der Provence	würzen, abkühlen lassen
375 g Hähnchenfilet	abspülen, trockentupfen, in Streifen schneiden, mit Salz, Pfeffer würzen
2 EL Speiseöl	erhitzen, Fleisch 3 Minuten braten, mit
Sojasauce	würzen, abkühlen lassen
1 Packung Grundmischung für Pizzateig	nach Vorschrift auf der Packung zubereiten.
	Für die Tomatensauce
1 Zwiebel	
1 Knoblauchzehe	abziehen, würfeln
2 EL Olivenöl	erhitzen, Zwiebel, Knoblauch darin andünsten
400 g Tomaten (aus der Dose)	mit Saft dazugeben, Tomaten zerdrücken
1 EL gehacktes Basilikum	unterrühren, mit
Salz	
frisch gemahlenem Pfeffer	würzen, einkochen lassen, den Teig zu einem Quadrat von 30 x 30 cm ausrollen, auf ein gefettetes Backblech legen, mit der Tomatensauce bestreichen, mit den anderen Zutaten belegen, das Backblech in den Backofen schieben
Ober-/Unterhitze	etwa 200 °C (vorgeheizt)
Heißluft	etwa 180 °C (nicht vorgeheizt)
Gas	etwa Stufe 4 (vorgeheizt)
Backzeit	etwa 25 Minuten.

Zwiebelkuchen auf dem Blech

(Vollwert)

	Für den Teig
400 g Weizen-Vollkornmehl	mit
1 Pck. Trockenhefe	sorgfältig vermischen
1 TL Zucker	
1 gestr. TL Salz	
4 EL Speiseöl	
250 ml (1/4 l) lauwarme Milch	hinzufügen, alles mit Handrührgerät mit Knethaken zuerst auf der niedrigsten, dann auf der höchsten Stufe in etwa 5 Minuten zu einem Teig verarbeiten, an einem warmen Ort so lange stehenlassen, bis er etwa doppelt so hoch ist.
	Für den Belag
1 1/2 kg Gemüsezwiebeln	abziehen, vierteln, in Scheiben schneiden
2 EL Butter	zerlassen, die Zwiebelscheiben darin andünsten mit
Salz	
frisch gemahlenem Pfeffer	
gemahlenem Rosmarin	würzen
1 Knoblauchzehe	abziehen, zerdrücken, mit
1 TL Kümmel	unterrühren, die Masse 10 Minuten im offenen Topf dünsten lassen, bis alle Flüssigkeit verdampft ist, ab und zu durchrühren, erkalten lassen
350 g durchwachsenen Speck	in Würfel schneiden
200 g Gouda-Käse	raspeln
3 Eier	
1 Becher (150 g) Crème fraîche	die 4 Zutaten unter die Zwiebelmasse rühren, mit
Salz	
Pfeffer	abschmecken
	den gegangenen Teig nochmals kurz durchkneten, ihn in der Größe der Fettfangschale ausrollen, in die gefettete Fettfangschale geben, den Teig an den Seiten hochdrücken, die Zwiebelmasse darauf verteilen, den Teig nochmals so lange an einem warmen Ort stehenlassen, bis er etwa doppelt so hoch ist, ihn erst dann in den Backofen schieben
Ober-/Unterhitze	etwa 200 °C (vorgeheizt)
Heißluft	etwa 180 °C (nicht vorgeheizt)
Gas	etwa Stufe 4 (vorgeheizt)
Backzeit	etwa 40 Minuten.

Hackfleisch-Ananas-Kuchen

Für den Teig

350 g Weizenmehl mit
2 TL Backpulver mischen, in eine Rührschüssel sieben
1 Prise Salz
3 EL Speiseöl
6 EL Milch
250 g Magerquark zufügen und mit dem Handrührgerät mit Knethaken zu einem geschmeidigen Teig verarbeiten.

Für den Belag

50 g Butter oder Margarine zerlassen
750 g Hackfleisch (halb Rind-, halb Schweinefleisch) darin anbraten, dabei die Fleischklümpchen mit einer Gabel zerdrücken
4 Zwiebeln abziehen, würfeln und mitbraten, mit
Salz
frisch gemahlener Pfeffer würzen, etwas abkühlen lassen
den Teig auf einem gefetteten Backblech (38 x 28 cm) ausrollen, die Hackfleischmasse auf dem Teig verteilen
1 Dose (480 g) Ananas abtropfen lassen, in Streifen schneiden, auf dem Hackfleisch verteilen
6 Tomaten waschen, die Stengelansätze entfernen, Tomaten in Scheiben schneiden und obenauf verteilen, mit Salz und Pfeffer würzen.

Für die Sauce

1 Dose (480 g) passierte Tomaten mit
Salz
Paprika edelsüß
2 EL Ananassaft verrühren, auf das Hackfleisch und Ananas verstreichen
200 g Gouda reiben und darüberstreuen, das Backblech in den Backofen schieben
Ober-/Unterhitze etwa 200 °C (vorgeheizt)
Heißluft etwa 180 °C (nicht vorgeheizt)
Gas Stufe 3–4 (vorgeheizt)
Backzeit etwa 30 Minuten.
Tip: Gehackte Pinienkerne unter die Hackfleischmasse geben.
Beilage: Gemischter Blattsalat und ein leichter Rotwein.

Käse-Speck-Kuchen

400 g Weizenvoll-kornmehl	
1 Pck. + 2 gestr. TL Backpulver	sorgfältig mischen, in eine Rührschüssel geben
6–8 EL Speiseöl	
6 EL Milch	
1 Ei	
1/4 TL Meersalz	
200 g Magerquark	hinzufügen, die Zutaten mit Handrührgerät mit Knethaken zu einem glatten Teig verarbeiten, auf einem gefetteten Backblech (38 x 28 cm) ausrollen.
	Für den Belag
3 Eier	
250 ml (1/4 l) Schlagsahne	
250 g geriebenen Gouda-Käse	
Salz	
frisch gemahlenen Pfeffer	
Paprikapulver	nach Geschmack hinzufügen, die Zutaten mit Handrührgerät mit Rührbesen verrühren, auf den Teig verteilen, mit
300 g geräucherten Speckscheiben	abdecken, das Blech in den Backofen schieben
Ober-/Unterhitze	etwa 200 °C (vorgeheizt)
Heißluft	etwa 180 °C (nicht vorgeheizt)
Gas	etwa Stufe 4 (vorgeheizt)
Backzeit	etwa 35 Minuten.

Lauchkuchen

	Für den Teig
300 g Weizenmehl	mit
1 gestr. TL Backpulver	mischen, in eine Rührschüssel sieben
1 TL Salz	
4 EL kaltes Wasser	
200 g weiche Butter	
oder Margarine	hinzufügen, alle Zutaten mit Handrührgerät mit Knethaken zuerst auf der niedrigsten, dann auf der höchsten Stufe so lange verkneten, bis ein glatter Teig entstanden ist, den Teig eine Zeitlang kalt stellen, ein Backblech (38 x 28 cm) fetten, den Teig darauf ausrollen, das Blech in den Backofen schieben, die Teigplatte vorbacken
Ober-/Unterhitze	etwa 200 °C (vorgeheizt)
Heißluft	etwa 180 °C (nicht vorgeheizt)
Gas	etwa Stufe 4 (vorgeheizt)
Backzeit	etwa 15 Minuten.
	Für den Belag
etwa 1 kg Porree (Lauch, vorbereitet gewogen)	gründlich waschen, in dünne Ringe schneiden (evtl. nochmals waschen)
125 g durchwachsenen Speck	in Würfel schneiden, die beiden Zutaten 10–15 Minuten dünsten lassen
4 Eier	mit
250 g saurer Sahne	
2 knapp gehäuften EL Speisestärke	
1 TL Salz	
1 TL Streuwürze	
1/2 TL geriebener Muskatnuß	
1/2 TL Pfeffer	
1/2 TL Kümmel	mit Handrührgerät mit Rührbesen gut verrühren vor die Teigplatte einen mehrfach umgeknickten Streifen Alufolie legen, den abgekühlten Belag auf dem vorgebackenen Teigboden verteilen, die Eiermilch darüber gießen das Backblech in den Backofen schieben
Ober-/Unterhitze	etwa 200 °C (vorgeheizt)
Heißluft	etwa 180 °C (nicht vorgeheizt)
Gas	etwa Stufe 4 (vorgeheizt)
Backzeit	etwa 30 Minuten.

Bunte Pizza, Rezept Seite 165

Käsepizza, Rezept Seite 168

Zwiebelkuchen auf dem Blech, Rezept Seite 185

Vollkorn-Zwiebelkuchen, Rezept Seite 187

Kleine Käse-Gemüse-Kuchen

	Für den Teig
1 Fertigmischung Pizza-Teig	nach Anleitung auf der Packung zubereiten, mit
1 EL Speiseöl	
100 g geriebenem Gouda	verkneten, den Teig halbieren, zu zwei langen Rollen formen, in je 6 gleich große Stücke schneiden, die Stücke zu Kugeln formen, rund ausrollen (Durchmesser etwa 10 cm), auf ein gefettetes Backblech legen.
	Für den Belag
1 Zwiebel	abziehen, fein würfeln
2 EL Olivenöl	erhitzen, die Zwiebelwürfel darin andünsten
1 Dose stückige Tomaten (etwa 425 g)	
2 EL Tomatenmark	hinzufügen, etwas einkochen lassen, mit
Salz, Pfeffer	
gerebeltem Oregano	abschmecken, die Pizzaplatten damit bestreichen
200 g Kirschtomaten	waschen, vierteln
1 große Zwiebel	abziehen, in Scheiben schneiden
200 g Austernpilze oder Champignons	putzen, mit Küchenpapier abreiben, evtl. abspülen, in kleine Stücke schneiden
2 EL Speiseöl	erhitzen, Zwiebelscheiben und Pilze darin unter Rühren andünsten, mit Salz und Pfeffer bestreuen
3 Frühlingszwiebeln	putzen, waschen, in Ringe schneiden, zu den Pilzen geben, kurz mitdünsten
je 1/2 rote und gelbe Paprikaschote (etwa 300 g)	entstielen, entkernen, die weißen Scheidewände entfernen, die Schoten waschen, in feine Streifen schneiden, 3 Minuten in
kochendes Salzwasser	geben
1 kleine Zucchini (etwa 100 g)	putzen, die Enden abschneiden, Zucchini in Scheiben schneiden
75 g Salami	kleinschneiden
100 g Edelpilzkäse	
75 g Camembert	den Käse in kleine Stücke schneiden die Pizzaplatten nach Belieben mit den Zutaten belegen, mit
150 g geriebenem Emmentaler	bestreuen, auf dem Rost in den Backofen schieben
Ober-/Unterhitze	etwa 200 °C (vorgeheizt)
Heißluft	etwa 180 °C (nicht vorgeheizt)
Gas	etwa Stufe 4 (vorgeheizt)
Backzeit	15–20 Minuten.

Zwiebelkuchen mit Tomaten

	Für den Teig
350 g Weizenmehl	mit
1 Pck. Trockenhefe	sorgfältig vermischen
1 gestr. TL Salz	
200 ml lauwarmes Wasser	
50 g zerlassene, lauwarme Butter	hinzufügen, die Zutaten mit Handrührgerät mit Knethaken zunächst auf niedrigster, dann auf höchster Stufe in etwa 5 Minuten zu einem Teig verarbeiten, sollte er kleben, den Teig abgedeckt so lange an einem warmen Ort stehen lassen, bis er sich sichtbar vergrößert hat, den Teig auf der Arbeitsfläche nochmals kurz durchkneten, eine gefettete Fettfangschale (38 x 28 cm) damit auslegen, den Teig am Rand etwas hochdrücken.
	Für den Belag
1½–2 kg Gemüsezwiebeln	abziehen, vierteln, in Scheiben schneiden
150 g durchwachsenen Speck	in Würfel schneiden
1 EL Speiseöl	erhitzen, die Speckwürfel darin ausbraten, die Zwiebelscheiben hinzufügen, mit
Salz, Pfeffer	würzen, etwa 10 Minuten dünsten, etwas abkühlen lassen, sollte sich Flüssigkeit gebildet haben, die Zwiebelmasse abtropfen lassen
2 Eier	
1 Becher (150 g) Crème fraiche	unterrühren, die Zwiebelmasse mit Salz, Pfeffer abschmecken
500 g Tomaten	waschen, abtrocknen, die Stengelansätze entfernen, die Tomaten in Scheiben schneiden
150 g Schweizer Emmentaler	reiben, die Zwiebelmasse auf den Teigboden geben, glattstreichen, die Tomatenscheiben darauf verteilen, mit Pfeffer bestreuen
1–2 EL Thymianblättchen	
1–2 EL feingeschnittenen Schnittlauch	über die Tomatenscheiben streuen, den Käse darüber verteilen, die Fettfangschale in den Backofen schieben
Ober-/Unterhitze	etwa 200 °C (vorgeheizt)
Heißluft	etwa 180 °C (nicht vorgeheizt)
Gas	etwa Stufe 4 (vorgeheizt)
Backzeit	etwa 35 Minuten.

Tomaten-Zucchini-Kuchen

	Für den Teig
250 g Weizenmehl	in eine Rührchüssel sieben, mit
1 Pck. Trockenhefe	sorgfältig vermischen
1 TL Salz	
etwas Zucker	
70 g lauwarme Butter	
etwa 150 ml lauwarmes Wasser	hinzufügen, die Zutaten mit Handrührgerät mit Knethaken zuerst auf niedrigster, dann auf höchster Stufe in etwa 5 Minuten zu einem glatten Teig verarbeiten, den Teig abgedeckt an einem warmen Ort so lange stehen lassen, bis er sich sichtbar vergrößert hat, ihn dann aus der Schüssel nehmen, auf der Arbeitsfläche nochmals kurz durchkneten, auf einer gefetteten Fettfangschale (38 x 28 cm) ausrollen.
	Für den Belag
600 g Tomaten	
500 g Zucchini	putzen, waschen, in Scheiben schneiden, bei den Tomaten die Stengelansätze herausschneiden, den Teig schuppenförmig abwechselnd damit belegen, mit
Salz	
frisch gemahlenem Pfeffer	bestreuen
2 Eier	mit Salz, Pfeffer,
150 g Crème fraîche	
125 ml (1/8 l) Schlagsahne	
1 EL feingehacktem Majoran	
1 EL feingehacktem Thymian	verühren, auf dem Gemüse verteilen, mit
100 g geriebenem Emmentaler	bestreuen, nochmals 15 Minuten gehen lassen, in den Backofen schieben
Ober-/Unterhitze	etwa 200 °C (vorgeheizt)
Heißluft	etwa 180 °C (nicht vorgeheizt)
Gas	etwa Stufe 4 (vorgeheizt)
Backzeit	etwa 30 Minuten.

Schwäbischer Zwiebelkuchen

	Für den Teig
300 g Weizenmehl	in eine Rührschüssel sieben, mit
1 Pck. Trockenhefe	sorgfältig vermischen
1 TL Zucker	
1 TL Salz	
1 Ei	
50 g weiche Butter oder Margarine	
1/8 l (125 ml) lauwarme Milch	hinzufügen, alle Zutaten mit Handrührgerät mit Knethaken zuerst auf der niedrigsten, dann auf der höchsten Stufe in etwa 5 Minuten zu einem Teig verkneten, den Teig an einem warmen Ort so lange stehenlassen, bis er etwa doppelt so hoch ist, ein Backblech (38 x 28 cm) fetten, den Teig darauf ausrollen, den Teig nochmals so lange an einem warmen Ort stehenlassen, bis er etwa doppelt so hoch ist, vor den Teig ein mehrfach umgeknicktes Stück Alufolie legen.
	Für den Belag
750 g Zwiebeln	abziehen, in feine Scheiben schneiden
250 g durchwachsenen Speck	in Würfel schneiden, mit den Zwiebeln in eine Pfanne geben, glasig dünsten, abkühlen lassen
3 Eier	mit
250 g saurer Sahne	
125 ml (1/8 l) Milch	
1 TL Salz	
1/2 TL gem. Pfeffer	verschlagen, die Speck-Zwiebel-Masse darunter rühren, die Masse gleichmäßig auf dem gegangenen Teig verteilen, das Backblech in den Backofen schieben
Ober-/Unterhitze	etwa 200 °C (vorgeheizt)
Heißluft	etwa 180 °C (nicht vorgeheizt)
Gas	etwa Stufe 4 (vorgeheizt)
Backzeit	etwa 40 Minuten
	den Zwiebelkuchen warm servieren.
Tip:	Zu Zwiebelkuchen leichten Weißwein oder Weißherbst reichen.

Zwiebelkuchen auf dem Blech

(Foto Seite 179)

	Für den Teig
400 g Weizenmehl (Type 550)	in eine Rührschüssel sieben, mit
1 Pck. Trockenhefe	sorgfältig vermischen
1 TL Zucker	
1/2 gestr. TL Salz	
4 EL Speiseöl	
250 ml (1/4 l) lauwarme Milch	hinzufügen die Zutaten mit Handrührgerät mit Knethaken zunächst auf niedrigster, dann auf höchster Stufe in etwa 5 Minuten zu einem Teig verarbeiten, den Teig zugedeckt so lange an einem warmen Ort stehen lassen, bis er sich sichtbar vergrößert hat.
	Für den Belag
1 kg Gemüsezwiebeln	abziehen, vierteln, in Scheiben schneiden
2 Bund Frühlingszwiebeln	putzen, waschen, in Röllchen schneiden
300 g durchwachsenen Speck	würfeln
2 EL Speiseöl	in einem großen Topf erhitzen, die Speckwürfel hinzufügen, andünsten, die Zwiebelscheiben hinzufügen, 5 Minuten bei starker Hitze braten, mit
Salz	
frisch gemahlenem Pfeffer	
1 TL Kümmel	würzen, etwas abkühlen lassen
200 g mittelalten Emmentaler	raspeln
3 Eier	
1 Becher (150 g) Schmand	die 3 Zutaten unter die Zwiebelmasse rühren, den gegangenen Teig leicht mit Mehl bestäuben, aus der Schüssel nehmen, auf der Arbeitsfläche nochmals kurz durchkneten, ihn in einer gefetteten Fettfangschale (38 x 28 cm) ausrollen, an den Seiten etwas hochdrücken, die Zwiebelmasse auf dem Teig verteilen, ihn nochmals an einem warmen Ort so lange stehen lassen, bis er sich sichtbar vergrößert hat
Ober-/Unterhitze	etwa 200 °C (vorgeheizt)
Heißluft	etwa 180 °C (nicht vorgeheizt)
Gas	etwa Stufe 4 (vorgeheizt)
Backzeit	etwa 30 Minuten.

Hessischer Speckkuchen

	Für den Teig
375 g Roggenmehl	in eine Schüssel sieben, mit
1 Pck. Trockenhefe	sorgfältig vermischen
1 TL Zucker	
1 gestr. TL Salz	
4 EL Speiseöl	
250 ml (1/4 l) lauwarmes Wasser	hinzufügen, alles mit Handrührgerät mit Knethaken zuerst auf der niedrigsten, dann auf der höchsten Stufe in etwa 5 Minuten zu einem Teig verarbeiten, sollte er kleben, noch etwas Mehl hinzufügen, den Teig an einem warmen Ort so lange stehenlassen, bis er etwa doppelt so hoch ist, ihn dann auf der höchsten Stufe nochmals kurz durchkneten, auf einem gefetteten Backblech (38 x 28 cm) ausrollen.
	Für den Belag
4 Brötchen (Semmeln)	in kaltem Wasser einweichen, gut ausdrücken, mit
250 g Magerquark	
2 Bechern (300 g) Crème fraîche	
3 Eigelb	
1 TL Kümmel	
3 EL gehackten Kräutern (Petersilie, Schnittlauch, Dill, Estragon)	verrühren, mit
Salz	
Pfeffer	würzen
625 g mageren, durchwachsenen Speck	in Würfel schneiden, unterrühren
3 Eiweiß	steif schlagen, unterheben, den Belag gleichmäßig auf dem Teig verteilen, vor den Teig ein mehrfach umgeknicktes Stück Alufolie legen, den Teig nochmals so lange an einem warmen Ort stehenlassen, bis er etwa doppelt so hoch ist, ihn erst dann in den Backofen schieben
Ober-/Unterhitze	etwa 200 °C (vorgeheizt)
Heißluft	etwa 180 °C (nicht vorgeheizt)
Gas	etwa Stufe 4 (vorgeheizt)
Backzeit	30–35 Minuten.

Vollkorn-Zwiebel-Kuchen

(Foto Seite 180)

	Für den Teig
500 g Weizenvollkornmehl	in eine Rührschüssel geben mit
1 Pck. Trockenhefe	sorgfältig mischen
knapp 250 ml (1/4 l) lauwarmes Wasser	
Meersalz	
3 EL Speiseöl	
40 g zerlassene Butter	hinzufügen, die Zutaten mit Handrührgerät mit Knethaken zunächst auf niedrigster, dann auf höchster Stufe in etwa 5 Minuten zu einem Teig verarbeiten, den Teig so lange an einem warmen Ort stehen lassen, bis er sich sichtbar vergrößert hat.
	Für die Füllung
400 g Zwiebeln	schälen, waschen, in Ringe schneiden
3 EL Speiseöl	in der Pfanne erhitzen, die Zwiebel darin glasig dünsten
300 g geriebenen Gouda	
1 Becher Crème fraîche	miteinander verrühren
2 EL Milch	
2 Eier	mit
Salz	
schwarzem Pfeffer	verschlagen, den gegangenen Teig auf höchster Stufe nochmals kurz durchkneten, den Teig auf einer gefetteten Fettfangschale (38 x 28 cm) ausrollen, zuerst darauf die Zwiebeln gleichmäßig verteilen, dann die Käsemasse verstreichen, die Eiermilch zum Schluß darüber gießen, den Teig nochmals so lange an einem warmen Ort gehen lassen, bis er sich sichtbar vergrößert hat, die Fettfangschale in den Backofen schieben
Ober-/Unterhitze	etwa 200 °C (vorgeheizt)
Heißluft	etwa 180 °C (nicht vorgeheizt)
Gas	etwa Stufe 4 (vorgeheizt)
Backzeit	30–40 Minuten.

Hackfleischstrudel

	Für den Teig
150 g Weizenmehl	in eine Rührschüssel sieben
1 Prise Salz	hineingeben, nach und nach
60 ml (4 EL) lauwarmes Wasser	
1 EL Speiseöl	hinzufügen, alle Zutaten mit Handrührgerät mit Knethaken zunächst kurz auf niedrigster, dann auf höchster Stufe gut durcharbeiten, anschließend auf der Arbeitsfläche zu einem glatten Teig verkneten, den Teig auf Pergamentpapier in einen heißen, trockenen Kochtopf legen (vorher Wasser darin kochen), mit einem Deckel verschließen, etwa 30 Minuten ruhen lassen.
	Für die Füllung
1 Bund Petersilie	
1 Bund Majoran	
	Kräuter abspülen, trockentupfen, fein hacken
2 Zwiebeln	abziehen, fein hacken
250 g Champignons	putzen, mit Küchenpapier abreiben, evtl. abspülen, in dünne Streifen schneiden
500 g Rindergehacktes	in
20 g Butter	anbraten, Zwiebeln und Pilze hinzufügen, mit
frisch gemahlenem Pfeffer	
Salz	
geriebener Muskatnuß	würzen, unter die fertige Masse die Kräuter mischen, Masse auskühlen lassen, Teig dünn ausrollen, mit der Hackfleischmasse bestreichen, an den Rändern jeweils 3 cm frei lassen, den Strudel einrollen, Strudel mit
1 Eigelb	bestreichen, auf ein Backblech setzen, in den Backofen schieben
Ober-/Unterhitze	etwa 180 °C (vorgeheizt)
Heißluft	etwa 160 °C (nicht vorgeheizt)
Gas	etwa Stufe 3 (vorgeheizt)
Backzeit	etwa 30 Minuten.
Tip:	Dazu paßt ein Möhren- und Selleriesalat.

Zwiebelstrudel

	Für den Teig
300 g Weizenmehl	in eine Rührschüssel sieben
1 Prise Salz	hineingeben, nach und nach
knapp 100 ml lauwarmes Wasser	
1 kleines Ei	
3 EL Speiseöl	hinzufügen, alle Zutaten mit Handrührgerät mit Knethaken zunächst kurz auf niedrigster, dann auf höchster Stufe gut durcharbeiten, anschließend auf der Arbeitsfläche zu einem glatten Teig verkneten, den Teig auf Pergamentpapier in einen heißen, trockenen Kochtopf legen (vorher Wasser darin kochen), mit einem Deckel verschließen, etwa 30 Minuten ruhen lassen.
	Für die Füllung
1½ kg Gemüsezwiebeln	abziehen, in dünne Scheiben schneiden
100 g durchwachsenen Speck	in Würfel schneiden
80 g Butterschmalz	zerlassen, die Speckwürfel darin anbraten, die Zwiebelscheiben hinzufügen, 10 Minuten dünsten lassen, mit Salz,
Pfeffer	würzen
2 TL Kümmel	unterrühren, die Zwiebelscheiben erkalten lassen den Strudelteig auf einem bemehlten großen Tuch dünn ausrollen, ihn dann mit den Händen zu einem Rechteck von etwa 50 x 70 cm ausziehen (er muß durchsichtig sein), die Ränder, wenn sie dicker sind, abschneiden die Füllung auf dem Strudelteig verteilen (an den Seiten etwa 3 cm Teig frei lassen), die freigebliebenen Teigränder auf die Füllung schlagen, den Teig mit Hilfe des Tuches, an den Enden gut zusammendrücken, den Strudel auf ein mit gefettetes Backblech legen
1 Eigelb	mit
2 TL Speiseöl	verrühren, den Strudel damit bestreichen, das Backblech in den Backofen schieben
Ober-/Unterhitze	etwa 200 °C (vorgeheizt)
Heißluft	etwa 180 °C (nicht vorgeheizt)
Gas	etwa Stufe 4 (vorgeheizt)
Backzeit	35–40 Minuten
100 g Zwiebeln	abziehen, in dünne Scheiben schneiden
2 EL Butterschmalz	zerlassen, die Zwiebelringe darin braun braten, auf den fertigen Strudel geben.

Klassische Blechkuchen

Blechkuchen mit Pudding & Creme

Blechkuchen mit Obst

Allerlei vom Blech

Weihnachtliches vom Blech

Pikantes vom Blech

A

B

C

D

E

F

G

H